青弓社
94
ライブラリー

「混血児」の戦後史

上田誠二

青弓社

#「混血児」の戦後史　目次

第2章 日本「独立」後の公立小学校の混血児教育
——日本人として学ぶ［一九五〇年代中葉］ 67

第3章 高度経済成長期前半の混血児教育
——経済主義の下で生きるために学ぶ［一九五〇年代後半から六〇年代前半まで］ 108

あとがき

カバー写真――毎日新聞社提供。一九五二年六月撮影
装丁――Malpu Design［清水良洋］

序章　戦後史の裂け目――〝血の政治学〟と〝出会いの教育学〟のはざまで

1　なぜ「混血児」の戦後史をいま問うのか

本書は、戦後に日本女性と外国兵士、とくにアメリカ兵との間に生まれた、当時「混血児」[1]（以下、混血児と表記）と名指された子どもたちのエスノグラフィーを書く。一九四五年アジア・太平洋戦争で敗北した日本は、アメリカとソ連（ソビエト連邦）の対立の下、資本主義陣営の極東の防波堤として、占領・復興期から、高度経済成長を経て低成長期へと至る。そんななかで混血児が多く生まれるようになるが、冷戦とそれに伴う国際競争の激化による社会のグローバル化は混血児たちを翻弄していく。

とくに本書では、性暴力と売春、貧困と格差、優生思想と差別など、占領・復興期の社会矛盾の結節点として混血児たちが存在したことを浮き彫りにしながら、そうした周縁化された子どもたちがどのように生まれ育ち（＝〈生存〉）、どのように生きる勇気や知恵を学び（＝〈教育〉）、高度経済成長期を生き抜くためにどのように働いたのか（＝〈労働〉）を明らかにする。さらに、低成長期に至り、数的に少なくなっていた混血児と、さまざまな理由で親元を離れた「日本人」[2]（以下、日本人と表記）の「恵まれない子」たちとが出会って連帯していく様子を跡づける。生きることと働くことをめぐる社会的差別に抗った学びの方法史を、混血児および彼ら彼女らとともに学んだ日本人の子たちの教育経験から描きたい。

では、そもそもなぜ混血児の戦後史をいま問うのか。〝消極的な理由〟としては、「ハーフ」（以下、ハーフと表記）のタレントやスポーツ選手の活躍が昨今のメディアでは頻繁に報じられているなかに、戦後史のなかで練り上げられた混血児への固定的イメージが往々にしてみられるためであり、筆者自身がそうした現象に違和感を覚えるからである。メディアが吹聴するハーフたちの才能イメージは、実は占領・復興期以来ほとんど変化しておらず、その固定化されたイメージは、敗戦後に生まれた混血児たちが就職時期にさしかかった一九六〇年代後半に大衆雑誌などに多出して定着化していった。

重要なことは、そうした混血児の才能イメージと、森村誠一の推理小説『人間の証明』[3]（のちに映画化）に代表される見られたくない母親の過去と見られたくないわが子の現在という汚辱イメージ[4]との間にジレンマがあった点だ。率直にいえば、映画研究者の高美哿が示唆するように、混血児は敗戦によってもたらされた支配としてのセックスの申し子であり、とりわけ混血児をフィーチャーした一九七〇年前後のB級アクション映画には、アメリカ軍に去勢され「損なわれた日本人男性の男性性《マスキュリニティー》」が見え隠れしているといえるだろう(5)。そうした敗戦の劣等感と相まって、多くの混血児は戦後史のなかで「不道徳の極印」を押され、逸脱扱いされ差別にさらされていく。本書では、混血児たちの生存・教育・労働という日本国憲法の社会権の視点、とくに生存と労働とをつなぐ教育の視点から、生きてあることをめぐる差別と社会で働くことをめぐる差別に抗うための、ともに学び合う方法史を描出し、戦後史の恒常的な不条理に立ち向かった子どもたちの生のありようを現代日本社会に問題提起する。

筆者が混血児という周縁化された子どもたちをいま取り上げる〝積極的な理由〟はまさにここにあり、戦後の福祉国家が法的に定めた社会権の保障の実態を問い、後述する現在の「子どもの貧困」問題に端的に示される、いまなお再生産され続ける社会権保障の劣化状況について、その歴史性とそれへのささやかな対案を示すことができれば、と考えている。以下、各章で詳述する、混血児たちの生存・教育・労働それぞれに関する権利保障の内実と、その背後にある国際関係＝冷戦下日本の基地化という四つの視点から、本書の論点を整理したい。

第一に、敗戦後の混血児たちの生存権については、一九四八年制定の優生保護法（一九九六年に母体保護法へ改正）は、そもそも混血児それ自体への差別・忌避をひとつの契機として登場していて、混血児が生きてあることへの否定を少なからず内包していた。さらに、そうした全体的な差別構造のなかで白色系混血児と黒色系混血児との間にも明確な優劣関係が生起していった。優生思想に起因する包摂と排除は、アメリカ兵と付き合う女性たちを次第に自発的な人工妊娠中絶へと導いていくことになる。

第二に、混血児たちの教育を受ける権利について、多くの混血児は、父親が「行方不明」で日本人の母親ないしその父母あるいは養父母に育てられ日本国籍を有していたので、文部省の主導下、公立小学校で「無差別平等」主義の教育を受けていく。とはいえ、日本人の子どもたちの間では、アメリカに対しての旧敵国への憎しみと経済的に豊かな大国への憧れ、敗戦の劣等感などがないまぜとなっていて、そうした公立小の現場で混血児たちは、とくに上級生から「パンパン」「アメリカ」と罵倒され差別と抑圧を受けていた。学校のなかで少なからぬ疎外感にさいなまれ、学びの継続に支障をきたす混血児が生じていく。

第三に、混血児たちの勤労の権利に関する問題はより深刻だった。スポーツや芸術・芸能の世界で生きよ、という大衆雑誌の無責任な喧伝の一方で、そうした才能をもたない混血児たちは、企業社会の中層に入ることができればいいほうで、往々にして下層、ひいては周縁へ追いやられていくケースが見受けられた。家計を支えるためにキャバレーに勤め、さらには売春を繰り返す実母と厳しい生活を送り、貧困と格差に苦しんだ混血児のなかには、中学校卒業後に母親と同様に売春の道を選ぶ者もいた。

日本国憲法の社会権的には、「健康で文化的な最低限度の生活」を営み生きてあること自体が保障され（第二十五条）、「その能力に応じて、ひとしく教育を受ける権利」を有し（第二十六条）、その後「勤労の権利」を行使するものと定められてはいるものの（第二十七条）[6]、混血児たちの権利保障が実態としては極めて脆弱だったことが理解できるだろう。

第四に、右で述べたような混血児たちの社会権保障の現実的な劣悪化の背景には、アメリカの冷戦戦略と日本の基地化という問題が大きく横たわっている。朝鮮戦争（一九五〇—五三年）やベトナム戦争（一九六〇—七五年。アメリカの北ベトナム爆撃開始は六五年）に伴うアメリカ兵の大規模な移動が、日本へのアメリカ兵の来訪を活性化した。そのために日本各地に「慰安の町」が必要とされ、売春が恒常的なものになり、また自由恋愛の名の下で「現地妻＝オンリー」が数多く生まれ、他方でアメリカ兵による強姦事件が多発するようになった。

ここまで述べてくると、もうすでにお気づきだろう。以上の四つの問題は、すべて現在の私たちが抱える社会問題の原型ともいうべき様相を呈している。周縁化された人々＝〈弱者〉の生きてあること自体をめぐる包摂と排除についていえば、優生保護法（一九四八—九六年）の下では「不良な子孫」を産まないという行為への誘導が法的におこなわれていた。現在、一九九六年制定の母体保護法の下では、優生思想が法的文言からは削除されたものの、人々は自発的に優生なるものを選択している。高精度な胎児エコー検査や、妊婦の血液からダウン症など三種類の染色体異常を調べる「新型出生前診断」といった医療技術の急激な進歩・普及が、生殖の自己決定と自己責任をタテマエにしながら当事者を「自発的な優生学」(7)へ向かわせているのだ。先天的疾患の可能性が胎児の段階で一定程度判別され、ダウン症や重篤な障害の可能性が高い場合、重い養育負担を避ける、すなわち「経済的理由」の名目で中絶がおこなわれるケースが多いという。

教育をめぐる差別と抑圧の問題に関しては多言を要しないだろう。学校での深刻ないじめが日常的に蔓延し、いじめを苦に子どもたちが自死を選び取ってしまう現状(8)に端的に表れているように、学校現場はいまだ差別と抑圧を克服できずにいる。

働くことに関する貧困と格差については、社会福祉学者の阿部彩の研究が示唆に富む。阿部によれば、親の貧困は子どもが成長したのちも持ち越され（「貧困の世代間連鎖」）、子ども期の貧困経験は、子どもが成人になってからのさまざまな状況、たとえば学歴上昇の困難さや、それによる非正規労働といった不安定な雇用状況、それに伴う収入の低さ、ひいては犯罪歴にも密接に関係しているという[9]。また、こうした貧困に起因する負のスパイラルが母子世帯で顕著であることに、阿部は警鐘を鳴らしている。

アメリカの世界戦略と日本の基地化問題に関する現状をみてみると、沖縄という基地の現場の声に耳を傾けずにはいられなくなる。アメリカ軍普天間飛行場移設・辺野古新基地建設で揺れる沖縄にあって地元紙「琉球新報」号外は、「米軍普天間飛行場の返還・移設問題の源流は一九九五年の米兵による少女乱暴事件にさかのぼる」とし、一九九五年十月二十一日の「乱暴事件に抗議する県民総決起大会」に「八万五千人が参加」したことを現在の反基地闘争の原点と位置づけ、それによって「過重な基地負担に対する県民の不満と反基地感情が高まった」のだと報じている[10]。沖縄では現在進行形で、少女や女性に代表される県民がアメリカ軍基地という強大な権力の脅威や不条理にさらされ続けているといえるだろう。

本書は、以上のように、現在私たちが置かれている国際的文脈＝大状況であるアメリカ軍基地権力の暴力性に端的に示される歴史的・重層的な抑圧構造を背景とした、日本における生存・教育・労働といった実生活の局面に直結するさまざまな生きづらさや不条理に対して、その向き合い方の手がかりを混血児の戦後史のなかに探ることを究極的な目的としている。そうした現実的な不条理を打開する方策として、たとえば先に触れた阿部彩は、「子どもの貧困政策の大きな柱の一つが教育」であるとし、教育は「子どもの可能性を広げる未来への投資であり、貧困の連鎖を断つ希望である」[11]と述べ、教育が社会変革のカギとなるべきことを強く提言している。これについて筆者もまったく同様の思いを抱く。

そこで本書では、次項で述べるように、歴史学的分析から、占領・復興期、高度経済成長期、低成長期にあって社会矛盾の結節点として存在した混血児たちと彼ら彼女らとともに学んだ児童相談所経由の日本人の「恵まれない子」たちの教育経験を跡づけることで、生存と労働をめぐる差別に抗う、支え合い互いにケアし合う教育の方法を提示していきたい。

2　混血児をめぐる従来の研究と本書の分析視点・内容との差異

近年、混血児やハーフに関する学術研究は活発化しつつある。ここでは代表的な研究を紹介しながら、それらとは異なる本書の取り上げた具体的な課題を示していきたい。

まず挙げなければならないのは、メディア文化研究者の岩渕功一らによるハーフに関する文化政治の共同研究だろう。岩淵は、「〈ハーフ〉とは、表現型（phenotype）による分類をとおして人種化された集団を指し、歴史的に構築されてきた日本人と「異民族」「異人種」、あるいは「外国人」と見なされる人たちとの間の「人種混淆」に関する言説カテゴリーである」と定義し、次のように自らの研究目的を述べる。「戦前の人種主義と優生学の議論から戦後の〈混血〉そして〈ハーフ〉にいたる人種混淆の言説と表象の検証」をおこなうことで、「現在の〈ハーフ〉という言説カテゴリーによる人種化の力学を歴史化し、近代における「日本人」の構築のなかで作用してきた人種混淆言説の排他的な暴力の連続性と変容について考察する[12]」のだと。こうした研究目的の下、同書のなかで先に触れた高美智の映画研究では、混血児やハーフに関するセクシャルなメディア表象を論じている。岩淵らによる鋭利な表象分析には大いに感服する。

ただ、表象を焦点とした研究では、現実の混血児たちが社会の諸矛盾と対峙し煩悶し生き抜いた赤裸々な姿が後景に置かれる傾向があり、その点に筆者としては若干の物足りなさを感じてしまう。これに対する本書の課題は、岩淵らが明らかにした言説や表象がもつ暴力性を、その内側から切り崩していく教育実践の可能性を提示することにある。

一方、〝血の政治学〟という視点から「人種神話」を解体する試みとして、川島浩平や竹沢泰子らによる総合的・体系的な共同研究がある[13]。そこでは、人種は「人類を身体的特徴によって分類する生物学的概念だと理解されているが、現代科学では人種は生物学的実体をもたないことが明らかになっている」とし、次のように人種研究の目的を定めている。「ヒトの多様性が種としての人類の存続に不可欠であるのに対し、人種は、明確な境界をもち、特定の身体的特徴や能力、性格をひとまとまりとして共有しているかのごとく想定する、人間社会が創り出したもの」であり、そのような神話の解体を目指すのだと[14]。こうした研究趣旨の下で日本の事例については、日本近現代史研究者の成田龍一によって、帝国支配や占領統治の下で国境や人種のカテゴリーとせめぎ合い調整されていく混血児の歴史的性格が解明され、混血児をスティグマ化し、そのうえで排除や包摂の対象とするディスクールが丁寧に批判されている[15]。

前述のような優れた先行研究に学びながらも筆者は、純粋性とそれと表裏一体の閉鎖性に軸足を置く血の政治学の客体として、単に混血児をさまざまな差別や偏見にさらされる受け身的存在とは捉えない。むしろ本書では、混血であることをバネとした批判的思考力や柔軟性から血の政治学に挑んでいく、いわば〝出会いの教育学[16]〟の主体として、換言するならば、混血児と彼ら彼女らとともに学んだ日本人の子たちを、オルタナティブな人間関係・社会関係を練り上げていく主体として再定位していく。

さらにいえば、川島・竹沢らの〝血の政治学〟を超えようとする共同研究ではいまだ十分とはいえない、次のような泥臭い社会的リアリティの有効性を強調したい。すなわち、親に捨てられて飢えで死にかけたり、あるいは実母に殺されかけたりなど、壮絶な幼児期を過ごし、大きな精神的外傷（トラウマ）を抱え込み、そのために、戦後の民主主義社会にあっても〝自分らしく〟はとても生きられない状況にあった混血児と、日本人の「恵まれない子」たちとが出会い、そこで生きる勇気や知恵を獲得していった過程にこそ、小さいながらも確かな社会変革の可能性が見いだせるのではないか、と。こうした一見迂遠なアプローチのようにみえて、実は私たちの〈生存〉を支える社会関係の源泉を探り当てようとする歴史学の方法・分析[17]にこそ、現在、生きることと働くことを十分につなぐことができていないという、教育学の課題を解く方途を探れるのではないか、そう筆者は考えている。

このような本書の問題意識は、民主主義をタテマエとした〝自分らしく〟生きるための自己決定権が、社会的連帯よりも強い個人を重視し、自己責任という新自由主義的な弱肉強食の論理と常に併走している、という現状への批判に端を発している。生命倫理の哲学者・小松美彦は、医療現場での産む／産まないの自己決定の根拠になる出生前診断や、生きる／生きないを高齢者に自己決定させる尊厳死を批判し、生と死をめぐる自己決定権が、障害者や高齢者を周縁化し切り捨てる結果を招来しつつある現状を憂えている。(18) そのように周縁化された人々＝〈弱者〉を生み出し、その生きづらさを強化してしまうことになっている自己決定権は、教育や労働の現場でも、周縁化の当事者＝〈弱者〉が意識しないような形で、差別や抑圧を堆積させてしまうのではないか、という危惧が筆者にはある。〈弱者〉が切り捨てられていく状況に抗う、弱い個人の連帯性構築という、素朴ながらも強い協働のあり方＝ひとつの教育の形を、将来への展望として本書で提起できればと思う。

具体的には主に、一九四八年二月に混血児のために乳児院エリザベスサンダースホーム（以下、サンダースホームと略記）を神奈川県中郡大磯町に創立させた澤田美喜が、五三年四月、学齢に達した混血児のために聖ステパノ学園（以下、ステパノ学園と表記）小学校を設立し、そこで他の教師たちとともに、子どもたちの生い立ち・境遇・現状だけではなく、将来の労働のあり方まで見通した人格主義の教育を実践していった様子を明らかにしていく。またその際には、公立小学校での混血児教育との比較検討を適宜おこない、他方、大衆雑誌などの混血児関連記事も分析しながら、日本社会全体での混血児たちの生のありようを描いていきたい。以下で、ステパノ学園の教育実践を軸に本書の概要を簡単に紹介しておこう。

サンダースホーム園長とステパノ学園長を務める澤田美喜の下でおこなわれた占領・復興期（一九四〇年代後半から五〇年代前半）の混血児教育は、子どもたちが有しているだろう、単一ではなく複数の文化に由来する感性や能力を伸長させ、彼ら彼女らを日本や世界で活躍できる社会人に育てあげることを目指して展開されていた。

そうした教育目的は、高度経済成長期前半（一九五〇年代後半から六〇年代前半）にも継続されていく。ただし、この時期にあっては、経済界や企業社会の影響力で次第に能力主義的になっていく教育政策の下、一九五九年四月に聖ステパノ学園中学校を開校させていた澤田や教師たちは、遠足・野外学習・社会科見学などの積極的実施や、学校生活全体の面倒を上級生がみる週番制などによって、自治と協働の仲間づくりを実践し、混血児という周縁化された弱い個人の連帯性構築といった、素朴ながらも強い協働意識＝道徳意識を涵養していくことになる。

以上のようなステパノ学園の教育実践は混血児だけを対象としたもので、当時、公立小学校での日本人と混血児との共学に対して別学の教育と呼ばれていた。澤田が別学を選択したのには、行き届いた教育をおこなうという理由以外に、本来であればサンダースホームの子たちが入学するはずだった大磯町立大磯小学校のＰＴＡとの間に大きな確執があったからだった。澤田の一九七九年の回想によれば、混血児の就学問題が社会で騒がれだした五〇年ごろ、大磯小にサンダースホームの子どもたちの入学を打診したところ、同校ＰＴＡが混血児と「我子が机を並べて学ぶのはいやだと言い出し」、混血児は別棟に押し込めるという「差別もはなはだしい考えを示してきた」[19]という。こうした背景もあって澤田は、混血児だけの学校として五三年四月、ステパノ小学校を開校したのだった。

　そして高度経済成長期後半から低成長期時代（一九六〇年代後半から八〇年代）にかけてのステパノ学園は、一九五二年五月の優生保護法改正によって人工妊娠中絶の手続きが簡易化した影響で以前に比べて数的に少なくなっていた混血児と、日本人との共学を推進していく。その日本人とは、家庭が崩壊してしまった子や知的障害をもつ子、病弱な子など、親元で育てられなくなり児童相談所経由でサンダースホームに入所した子どもたちだったが、当時のステパノ学園では、それ以外にも通学生として中国残留孤児の二世も受け入れていた。どの子も日本社会の周縁に追いやられスティグマ化された子どもたちだった。

　さらに近年の同園は、小学校から中学校まで一学年一学級十五人程度で構成され、そのうち通学生が六、七〇%、サンダースホーム在籍者が三、四〇%で、ほとんどが日本人の子どもたちだが、そこには、ダウン症候群やウィリアムス症候群の子、発達障害をもつ子なども含まれていて、要支援児と健常児とが分け隔てなく学ぶことに配慮した学校として運営されている[20]。混血児教育の学校として出発したステパノ学園が、高度経済成長期・低成長期を経てインクルーシブ教育[21]の学校へと発展してきたことがわかる。

　以上のように、本書は戦後史という長いスパンのなかで混血児教育の発展的変容を跡づけていくが、その際の中心的な分析では、教育社会学者・倉石一郎によるマイノリティ教育研究の視点[22]を援用したい。倉石は、高度経済成長期の終局である一九七〇年ごろに〈包摂〉という現象が教育領域にはっきりと現れ、〈逸脱する他者〉の重点移動がなされて「文化的包摂と社会的排除との併存状況」が次第に現出していくとする。こうした知見を補助線としながら、本書ではそれでもなお、企業社会の下での一元的な能力尺度による序列化などの主流文化への同一化を、たとえ未熟とはいえ乗り越えるような教育実践が有した可能性を重要と考え、ステパノ学園にあって、混血児が他の日本人の子を支え、ひいては互いにケアし合う連帯性が構築されていったという意味で、インクルーシブ教育の萌芽が形成されていった過程を確認していきたい。逸脱に不寛容な現代日本社会を乗り越えるような、多様な人々が出会い協働する教育の方法を、さまざまな差異に〝慣れる場〟かつ共通性に〝気づく場〟としての学校教育という、素朴な日常的実践から示唆できればと思う。

注

（1）「混血児」「国際児」「ハーフ」「ダブル」などの呼び名に関しては、岡村兵衛「「ハーフ」をめぐる言説――研究者や支援者の叙述を中心に」（川島浩平／竹沢泰子編『「血」の政治学を越えて』〔「人種神話を解体する」第三巻〕所収、東京大学出版会、二〇一六年）が詳しい。岡村によれば、二〇〇四年一月三十日から朝日新聞社は全社的に混血児の語を使わないことに決めたという（同論文四三ページ）。本書では、歴史的用語として混血児という呼び名を使用する。

（2）文化グローバリゼーション研究者の岩渕功一は、「「日本人」とは、直系親族の出身や国籍と生まれ育った場所に加えて言語能力、身体的特徴、文化的な理解、振る舞い、価値観などすべての点で十全に「日本的」である人を指すと本質主義的に定義されてきた」が、「何がはたして「日本的」なのかは実際には曖昧」であり、にもかかわらず「それにそぐわないとされる多くの人たちを名指して他者化することで日本人という「われわれ」の境界が構築されてきた」と指摘している(岩渕功一「〈ハーフ〉が照らし出す人種混淆の文化政治」、岩渕功一編著『〈ハーフ〉とは誰か――人種混淆・メディア表象・交渉実践』所収、青弓社、二〇一四年、一二ページ)。本書では、こうした理解を援用しながら、いわば日本人の裂け目ともいうべき存在だった混血児たちと日本人の子たちとの出会いの歴史的意味を考えていく。

(3)森村誠一『人間の証明』角川書店、一九七六年

(4)この点については、加納実紀代「「混血児」問題と単一民族神話の生成」(恵泉女学園大学平和文化研究所編『占領と性――政策・実態・表象』所収、インパクト出版会、二〇〇七年)が先駆的な研究として注目に値する。

(5)高美哿「戦後日本映画における〈混血児〉〈ハーフ〉表象の系譜」、前掲『〈ハーフ〉とは誰か』所収、九二ページ

(6)社会権の解釈については、杉原泰雄『憲法読本』第四版(〔岩波ジュニア新書〕、岩波書店、二〇一四年、一四〇―一四八ページ)を参照。

(7)現在の「自発的な優生学」の諸問題については、松原洋子「日本――戦後の優生保護法という名の断種法」(米本昌平/松原洋子/橳島次郎/市野川容孝『優生学と人間社会――生命科学の世紀はどこへ向かうのか』〔講談社現代新書〕所収、講談社、二〇〇〇年)を、出生前診断については、坂井律子『いのちを選ぶ社会――出生前診断のいま』(NHK出版、二〇一三年)を参照。

(8)いじめ問題について詳しくは、尾木直樹『いじめ問題をどう克服するか』(〔岩波新書〕、岩波書店、二〇一三年)を参照。

(9)詳しくは、阿部彩『子どもの貧困――日本の不公平を考える』(〔岩波新書〕、岩波書店、二〇〇八

年）、同『子どもの貧困Ⅱ——解決策を考える』（〔岩波新書〕、岩波書店、二〇一四年）を参照。

（10）「辺野古承認取り消し　知事、新基地建設を阻止　国、埋め立て根拠失う」「琉球新報」二〇一五年十月十三日付号外、二面

（11）前掲『子どもの貧困Ⅱ』一八八ページ

（12）前掲「〈ハーフ〉が照らし出す人種混淆の文化政治」一三、一五ページ

（13）前掲『「血」の政治学を越えて』

（14）「刊行のことば」、同書所収、ⅰページ

（15）成田龍一「日本における「混血児」のディスクール——「戦前」と「戦後」」、同書所収

（16）本書では、聖ステパノ学園という多様性ある教育現場での人間形成のあり方を考える視角として、歴史学者の安田常雄が提起した〝出会い〟という分析概念を用いる（安田常雄『出会いの思想史＝渋谷定輔論——『農民哀史』の世界』勁草書房、一九八一年、一二ページ）。埼玉県入間郡の寒村で自小作農民の長男に生まれた渋谷定輔が、戦前・戦中・戦後にわたって詩人・農民運動者・思想者として活動した軌跡を分析する際に、安田は、渋谷定輔にみられる、さまざまな同時代人との出会いを「自己の思想形成と組織的運動の結節点」として、かつ「自己と他者との、矛盾し、協同する関係の場」と位置づける。そしてその場を「個体性と共同性とが現実社会において出会う場所」と定義し、総じて歴史社会的連関のなかでの、すなわち私・個人と公・社会との間での、人間形成・自己革新のあり方として、およびそれらを通じた人間関係・社会関係の変革への志向性として、出会いの力学を分析している。本書では、こうした分析概念を教育課程・教育方法の分析に応用する。

（17）大門正克「「生存」を問い直す歴史学の構想——「1960～70年代の日本」と現在との往還を通じて」、歴史学研究会編「歴史学研究」第八百八十六号、青木書店、二〇一一年

(18)小松美彦『自己決定権は幻想である』（〔新書y〕、洋泉社、二〇〇四年）と同『生権力の歴史――脳死・尊厳死・人間の尊厳をめぐって』（青土社、二〇一二年）の第二章を参照。

(19)日本テレビ編『子供たちは七つの海を越えた――エリザベス・サンダース・ホーム』日本テレビ放送網、一九七九年、二〇―二一ページ

(20)二〇一六年十一月十一日午後二時三十分から二時間程度、聖ステパノ学園の学園長室で実施した小川正夫学園長への聞き取りによる。小川氏は一九九七年四月に学園長に就任、それ以前は四十一年間、立教学院に勤め、新任教師のころからサンダースホームやステパノ学園を支援してきた人物。なお、聞き取りの発問は筆者（上田誠二）で、聞き取りの記録データはステパノ学園にも保管されている。

(21)現在ステパノ学園は、すべての子どもを通常教育の流れに乗せる「フル・インクルージョン」と、障害を考慮したうえでさまざまな形態で可能なかぎり通常教育の流れに乗せようとする「サポーティッド・インクルージョン」の間で試行錯誤しているようである（同聞き取り）。なお、日本のインクルーシブ教育の変遷については、髙橋純一／松﨑博文「障害児教育におけるインクルーシブ教育への変遷と課題」（福島大学人間発達文化学類編「福島大学人間発達文化学類論集」第十九号、福島大学人間発達文化学類、二〇一四年）を参照。

(22)倉石一郎『包摂と排除の教育学――戦後日本社会とマイノリティへの視座』生活書院、二〇〇九年

第1章　占領・復興期の混血児誕生
――優生保護法の下で生存する［敗戦から一九五〇年代前半まで］

はじめに

本章は、占領・復興期に誕生した混血児たちの生存のありようを解明し、それを踏まえながら、私立幼稚園の開園から私立小学校の設立へと至る混血児をめぐる教育実践の展開過程を跡づける（公立小学校については次章で検討する）。それによって、日本国憲法・教育基本法体制下の民主主義〈教育〉、とくに私立学校での実践が、混血児たちの権利である〈生存〉と彼ら彼女らが将来生き抜いていくための〈労働〉とをどうつなごうとしていたかを検証したい。

このように敗戦後の混血児問題を、混血児の生存―教育―労働の接続という視点で捉えた学術研究は見当たらないが、混血児という表象に刻印された「汚辱」イメージのメディアなどによる普及が、戦後の「単一民族神話」の形成と共犯関係にあったことを指摘した加納実紀代の論考(1)や、戦後の「市民的女性運動」が混血児の母などを含む売春女性を「醜業婦」と見なし、「女を主婦と娼婦に分断する二元論的女性観を深く内面化し」「娼婦」との「連帯」に向かわなかったことを明らかにした藤目ゆきの成果など[2]、混血児を取り巻く社会状況を対象としたジェンダー史研究は示唆に富む。

ここでは、そうした優れたジェンダー史に学びながら、とくに教育史研究の重要性を提起したい。序章で述べたとおり混血児たちは、性暴力と売春、貧困と格差、優生思想と差別など、占領・復興期の社会矛盾の結節点として存在していたのだが、そのような社会的弱者が教育によっていかに救われたかを検証することで、歴史学者の大門正克が提起する「生存の歴史学」[3]の重要性を教育という営為の視点から逆照射できればと思う。

具体的には、第一に、敗戦後の日本社会で強化されていった優生思想が混血児たちの〈生存〉をどのように否定していったのかを検討し（第1節）、それを踏まえて第二に、神奈川県中郡大磯町の澤田美喜の創立による乳児院エリザベスサンダースホーム（以下、適宜サンダースホームと略記）とホーム併設の幼稚園の教育実践の方法を明らかにする（第2節）。第三に、その幼稚園の卒園生を対象につくられた聖ステパノ学園小学校（以下、適宜ステパノ小と略記）での混血児だけを対象とした教育実践の目的と方法を解明したい（第3節）。そして最後に、占領・復興期の私立小学校での混血児をめぐる教育の意義と限界を考えたい。

1　敗戦後セクシュアリティ統制の遺産——優生思想にさらされる混血児

本節では、一九四八年（昭和二十三年）二月に乳児院エリザベスサンダースホームを創立させた澤田美喜（一九〇一—八〇。写真1）の五〇年代の論説を主な手がかりに、混血児たちの誕生の経緯を概観したい。なお、澤田は、三菱財閥の創業者・岩崎弥太郎の孫娘で、父は三代目総帥の岩崎久弥、夫は外交官の澤田廉三で、聖公会系の団体・個人などキリスト教関係者や四十八社の後援会社（一九六二年六月時点）(4) から支援を受けながら、私財を投じて混血児の教育活動に終生尽力した人物である。(5)

写真1　澤田美喜
（出典：大磯町編『通史編 近現代』〔「大磯町史」第7巻〕、大磯町、2008年、686ページ）

混血児の誕生

敗戦後の最初の混血児は、大陸からの引き揚げ過程の所産として誕生してくる。満州や朝鮮半島でソ連軍兵士に強姦された女性が産んだ混血児である。当時その子たちは「ロスケ」という蔑称を浴びていたのだが、(6) 満州や朝鮮からの引き揚げの上陸港となっていた博多にあって、海外からの性病と混血の胎児の上陸を水際で防ごうとする、厚生省と推察される政府筋の要請によって堕胎手術を受けた女性の数は、四、五百人ともそれ以上ともいわれている。(7)

とはいえ水際で完全に防げたわけはなく、上陸と同時に桟橋でソ連兵との混血児を産んだ女性や、母親と郷里に帰ったのち土蔵の二階に閉じ込められ昼の世界を知らないソ連兵の子どもなど、混血児をめぐるセンセーショナルなエピソードが、一九五二年四月二十八日のサンフランシスコ平和条約発効以降、GHQ(連合国軍総司令部)の報道規制がなくなったため、メディアに数多く登場してくる。(8)

もっとも、引き揚げ過程の所産としてのソ連兵との混血児は相対的に多くはなく、占領下に売春婦となり、または現地妻=「オンリー」(以下、オンリーと表記)となり、あるいは強姦されて、占領軍兵士との間に混血児を産んだ女性が大多数だった。よく知られているように、一九四五年八月十八日、警視庁はやがて上陸してくる占領軍のために公設の慰安施設をつくることについて協議し、同日、内務省は地方長官宛て無電で通牒を発し、芸妓・公娼・私娼・女給・酌婦などをそれに充てるようにという指令を出している。(9) 東京では警視庁保安課が中心となって接客業者代表との懇談がおこなわれ、日本女性の純潔を守るための防波堤として慰安施設の設置が指示された。八月下旬には特殊慰安施設協会(一カ月後にRAA協会=Recreation and Amusement Association に改称)が設立され、慰安部として第一部芸妓、第二部娼妓、第三部酌婦、第四部ダンサー・女給が置かれ、その数は五千人にのぼった。都内を中心に設置された三十あまりのRAA関連施設は、性病蔓延とアメリカ本国からの批判のために四六年三月に閉鎖されるが、そこで失職した女性の多くは「街娼」=

「パンパン」となった。ＲＡＡ関連施設自体は「赤線」地帯（特殊飲食街＝公認売春地帯）として残り、売春防止法の罰則規定が施行される五八年四月まで、非公認売春地帯の「青線」と同様に、売春の繁盛地帯となる。こうした女性たちのなかから多くの混血児の母が誕生している。

エリザベスサンダースホーム園長の澤田美喜は、売春婦の母から生まれた混血児の事例を一九五二年九月に次のように紹介している。

〈メリーの場合〉

メリーはその妹○○と三才六ヵ月までパンパンの母のもとにそだった。そこでは三人の同じ職業の女達が一軒の家をかりていた。夜毎に数人の黒人兵がかわる〴〵たずねてきた。この幼い姉妹もこうしてみごもったものゝ、その父は誰かわからないと、二十一才の母はいう。メリーは、のび〳〵した利口な子で、するどい眼光は何でも一目でみぬくよう、日夜その母の行動を見て知っているようだ。（略）その母は三回黒人兵と家出をし、二人の女の子を生んで、ホームに入れて八ヵ月目にふらりと、一見してパンパンとみえるどぎつい原色のコートをきて表われた。[10]（○と傍点は引用者。以下、同）

このように、同業者とルームシェアした自宅での売春で生計を立てている女性が黒人兵と家出を繰り返し、混血児を二度出産しても生活スタイルを変えられずにいることと、そうした母の生態を娘が察知していたことがわかる。ここで留意すべきは、澤田が「パンパン」を決して突き放してはいない点である。澤田は、売春の結果生まれた混血児であるわが子を育てるために売春を繰り返す女性たちが「どうすることもできない袋小路に追いつめられて」いると認識していて、貧困と売春の負のスパイラルの理不尽さをしっかりと把握していた[11]。一方、表面的には紳士的で、衣食を与えてくれる、いわば「エルザ姫にかしずく白鳥の騎士」としてのアメリカ兵に心を引かれた女性たちが混血児の母となったケースも多く、澤田は、「政府が戦災者に対して、寒暑をしのぐだけの衣料と、空腹をふさぐに足る食料を与えていたら、いまになって三面記事によく登場する「運命の子供たち」の数はもっとずっと少なくなっていた[12]」と指摘している。これらの女性の多くはアメリカ兵が日本で一緒にいる間は現地妻の意でオンリーと呼ばれたが、本国への帰国命令や朝鮮戦争など、アメリカ兵の移動や出征によって置き去りにされても、音信不通のアメリカ兵をけなげに待ち続けていたと、澤田は同情の念をもって記している[13]。他方、エリザベスサンダースホームには強姦によって生まれた混血児もいて、次のように紹介されている。

〈○子の場合〉

母は人妻であり、草ふかい地方の〔アメリカ軍：引用者注〕キャンプ近くにすむ主人との間に、三人の子があり、○子は四人目である。ある暗夜の出来事で、もちろん合意の上のことではない。（略）やがて彼女は妊娠した。仕事の多い農家で働いたため健康にめぐまれ、月みちて大きな女が生まれた。夫も四人目でも初めての女の子で喜んだ。（略）けれど五ヵ月目からかみの毛がちぢれだし、次第に黒くなって、遂にその子の妊娠した夜のことを涙ながらに告白した。

家庭裁判所の調停によって、子供がホームに送られた時は、もう三才になっていた。心にとがめのあるこの母はこの子をだいて幾度か自殺しようとし、夜子供の首をしめかけては、〔その子は：引用者注〕目をさまされた。度々のことにおびえきった子供は、ホームにきても、今でもあまりねむることをしない。(14)

このように、アメリカ軍キャンプの兵士に強姦された女性が黒人系の混血児を産み、その子と自殺未遂をするまでに精神的に追い込まれていたことと、その子にとって実の母に殺されかけたという経験が大きなトラウマになっている様子がよくわかる。

以上述べてきたように、混血児の誕生は、強姦によって生まれた場合、売春による場合、現地妻の子として生まれた場合などに大別できる。そしてそのような混血児たちは、母親の売春、ネグレクトや虐待などによって少なからずトラウマを背負っていたのである。以下では、トラウマを背負う混血児たちに追い打ちをかけるように法制化されていった、敗戦後の優生思想のありようを検討したい。

優生保護法

一九四八年七月、国民優生法（一九四〇年五月制定）にかわって優生保護法が制定された。(15)戦中に制定された国民優生法は日本初の断種法であり、治療目的以外の不妊手術を合法化し、第一条で「本法ハ悪質ナル遺伝性疾患ノ素質ヲ有スル者ノ増加ヲ防遏スルト共ニ健全ナル素質ヲ有スル者ノ増加ヲ図リ以テ国民素質ノ向上ヲ期スルコトヲ目的トス」と述べていた。その一方で中絶規制を強化し、総力戦体制下の「産めよ殖やせよ」政策にも対応していた。

これに対して敗戦後の優生保護法は、優生思想を強化し、かつ中絶規制を緩和して、人口の量と質の双方の管理を目指す法として制定された。第一条で「優生上の見地から不良な子孫の出生を防止するとともに、母性の生命健康を保護することを目的とする」と謳い、「遺伝性疾患」の他に、国民優生法では除外されていた「癩疾患」(ハンセン病)が中絶と不妊手術の対象とされた。さらに、一九四九年六月から「経済的理由」による中絶が容認される。

敗戦後の日本では、領土が縮小して経済は壊滅状態だった。厳しい食糧難と住宅難に加え、海外からの引き揚げと復員およびベビーブームで過剰人口問題が急浮上しているうえに、芦田均厚生大臣(一九四五年十月―四六年五月)の意向にみられるように、今後の日本社会が「文化国家」「健康国家」を建設し復興の大義を全うしていくには、優生思想の具体化がすべての国民にとって必須になってくると厚生行政的には考えられていて[16]、一九四八年制定の優生保護法とは、まさにそうした状況に対応したものだったのである。実際に議員立法として国会に優生保護法案を提出した、産婦人科医で当時社会党議員だった太田典礼[17]は、「堕胎罪を骨抜きにし、かつ避妊を促進する」ことに優生保護法のねらいを定めていた[18]。太田は六七年刊行の自著『堕胎禁止と優生保護法』で、優生保護法制定の背景をこう記している。

国民優生法も堕胎罪もあったものではない。ヤミ堕胎がさかんになり、その被害として子宮穿

> 孔、細菌感染、死亡さえ次々に起った。（略）〔私は：引用者注〕ヤミを防ぐには受胎調節が必要であるとし、避妊リングの公認と普及につとめる一方、人工妊娠中絶は専門医の手によらねばならないと主張して、堂々と実行した。食うものもないのに妊娠した主婦が大勢相談にきた。一方、外国軍隊が進駐してパンパンがふえ、彼女らは心ならずも妊娠して、私のところへやってきた。[19]

このように、食糧難の下での妊娠や占領軍相手の売春の末の妊娠、結果としての「ヤミ堕胎」という状況に産科医としての太田が危機感を抱いていたことがわかる。そして彼は、次のような優生保護法案の「提案の理由」を国会に提出した。

> 現行国民優生法は、産めよ殖せ、の軍国主義的法律であり、しかもその手続きが煩雑で、実際には悪質遺伝防止の目的を達することが殆んどできないでいた。（略）今や人権尊重の民主主義日本建設の時代に、しかも人口過剰に悩む現状にあって、こういう悪法は一日も早く廃止し新しい優生法を制定して、母性を保護し、子孫に対する悪質遺伝の防止を容易くし、且つ悪質者の子供が不良な環境によりて劣悪化することも防がねばならない。更に食糧その他生活必需物資不足のため国民全体が困窮を極めている今日にあっては、病弱、多産、貧困のために招かれる子孫の劣悪化病弱化を防ぎ且つ人工調節政策をも加味した法律を制定することが急務である。なお強姦による妊娠の場合並に常習性性犯罪者に対しては特に規定を設けてその被害を少

くし子孫の不良化を防がねばならない。これがこの法律案を提出する理由である。[20]

このように優生思想を強く主張し、かつ「悪質者の子供」の「不良な環境」での「劣悪化」防止を謳っている。前述のように太田は、占領軍相手の「パンパンがふえ」、彼女たちが妊娠し「ヤミ堕胎」していた状況を危惧していたのであり、右の資料で彼がいう「不良な環境」で「劣悪化」する「悪質者の子供」のなかに、心身障害者の子どもたちと並んで混血児たちが含まれていたことは、外国人兵士による強姦事件が多発していた占領下[21]にあって、「強姦による妊娠」に対しても「その被害を少くし子孫の不良化を防がねばならない」と述べている点から明らかだった[22]。

エリザベスサンダースホームの澤田美喜が一九五三年時点で嘆いているように、ホームにはしばしば、医学部の学生たちからの混血児たちの知能検査や血液検査をしたいという申し入れがきた。澤田は子どもたちが「モルモット代りにされるのがつらい、胸がさかれるような気がする[23]」と心情を吐露している。優生保護法の制定以降、医学界に優生思想が少なからず浸透していったことがわかる。もっとも、優生保護法で「経済的理由」による中絶が認められた四九年六月以降は、妊娠しても売春女性たちは子どもを産まなくなったと推察される。さらに、序章でも触れたように、五二年五月の優生保護法改正で地方優生保護審査会が廃止され、優生保護指定医の判断、本人・配偶者の同意だけで中絶が可能になる。占領期に労働省婦人少年局神奈川県婦人少年室で主任を務め、丹念なフィールドワークをおこなっていた高崎節子は、五二年十月刊行の著書『混血児』で「パンパンは子供を生まない[24]」と断じていて、五二年五月以降に誕生していく混血児は、産むと決断した少数派の現地妻＝オンリーたちの子と推察される。そのことは表1の人口妊娠中絶数の推移からも傍証されるだろう。

ここで注目したいのは、朝鮮戦争期（一九五〇—五三年）の日本国内でのアメリカ兵移動に伴い、売春女性たちもそのあとを追って移動していたことである。先にみた神奈川県婦人少年室の高崎によれば、一九五二年秋のアメリカ軍施設の座間への移設に伴い、混血児を連れて「パンパンは徐々に動き、相模平野のまんなかの座間という小さな町は大きく変貌しつつある」[25]という。そして、こうした基地周辺の歓楽街化に厚生行政は目を光らせていたのである。厚生大臣から中央児童福祉審議会に諮問された「混血児問題に関する対策の方針」への答申は、朝鮮休戦協定調印の約一カ月後の五三年八月二十日に公表されていて、そこでは「一般人に対する啓蒙」として、「基地周辺の女性に対しては、軽率な交際によって混血児を生むことのないよう啓蒙に努めること」[26]が大切とされていた。混血児は日本社会に存在しないに越したことはないという、厚生行政の考えがみてとれる。

以上、要するに、優生保護法制定以降、混血児をめぐる優生思想が広まり人工妊娠中絶は恒常化していく傾向にあり、さらにその傾向は、戦後日本の売春慣行を少なからず活性化させた朝鮮戦争によって加速されたといえるだろう。次節では、そのように生存を否定されていった混血児たちに、生存と労働をつなぐ教育の機会を与えた澤田美喜の実践を検討したい。

S = A + B + C + D + E + F

1950年6月～53年7月
朝鮮戦争

母体の健康	暴行脅迫による	不詳	精神病	母体の健康	暴行脅迫によるもの
C			D	E	F
142,428			856	98,619	1,608
164,727			767	317,141	2,242
176,707			628	457,059	1,070
787,232	1,304	1,248			
1,060,106	1,183	1,290			
1,137,890	548	1,056			
1,166,946	441	961			
1,154,687	533	1,839			
1,119,132	305	777			
1,124,697	358	1,231			
1,095,769	320	1,371			
1,059,801	310	1,845			
1,031,910	284	1,915			
928,296	226	2,046			
952,142	166	2,135			
875,808	242	1,952			

（註）昭和27年から、法改により
審査の区別はなくなった

1952年4月、サンフランシスコ平和条約発効＝日本の「独立」。同年5月の優生保護法改正で、地方優生保護審査会が廃止され、優生保護法指定医の判断、本人・配偶者の同意だけで中絶が可能になる。

表1　戦後の出生数と人工妊娠中絶数とその事由

1949年6月の優生保護法改正では、「妊娠の継続又は分娩が身体的又は経済的理由により母体の健康を著しく害するおそれがあるもの」が人工妊娠中絶の対象に加えられている。

年次	昭和	出生数	人工中絶	遺伝性疾患	らい疾患
1947	22	2,678,792	S	A	B
1948	23	2,681,624			
1949	24	2,696,638	246,104	1,882	711
1950	25	2,337,507	489,111	3,594	640
1951	26	2,137,689	639,350	2,537	349
1952	27	2,005,162	798,193	7,081	1,328
1953	28	1,868,040	1,068,066	4,684	803
1954	29	1,769,580	1,143,059	2,872	693
1955	30	1,730,692	1,170,143	1,492	303
1956	31	1,665,278	1,159,288	1,950	269
1957	32	1,566,713	1,122,316	1,886	216
1958	33	1,653,469	1,122,316	1,630	315
1959	34	1,626,088	1,098,853	1,197	196
1960	35	1,606,041	1,063,256	1,109	191
1961	36	1,589,372	1,035,329	995	225
1962	37	1,618,616	985,351	698	85
1963	38	1,657,402	955,092	556	93
1964	39		878,748	646	99

（出典：太田典礼『堕胎禁止と優生保護法』〔経営者科学協会、1967年〕181ページから作成。吹き出し解説と網かけは引用者）

2　澤田美喜の実践にみる混血児の別学という人格主義――幼稚園の教育実践

一九四七年二月、澤田美喜は東海道線の車中にあって、風呂敷に包まれた状態で網棚に放置されていた「黒ん坊の嬰児死体」の母親と勘違いされた。荷物検査要員の警官や他の男性乗客から「パン助め！」「日本人の面よごし！」「これだから日本は負けるんだ」という罵声を浴びせられ、敗戦の劣等感を混血児やその母という社会的弱者に押し付けるような日本社会の強い差別の現実を体感した。澤田はこのとき、「両方の国から要らないといわれる子供、親からも邪魔者扱いされ、闇から闇に葬られる子供」たちに未来を与える決心をしている(27)。

別学か共学か

こうして一九四八年二月一日、澤田は乳児院エリザベスサンダースホームを創立し、「この子達は、あすの世界平和を築く為に、絶対に必要な使徒達なのです(28)」と述べたという。さらに澤田は、五三年四月、学齢に達した混血児のために聖ステパノ学園小学校を開校するが、入学を控えた子どもたちに対して、「恥しくない教養を身につけて、世の中に出るとき、そのアビリテーの前には過去の暗い影はすつかりきえ」、「その日こそ我々の子らが、その父母の国の血相半ばしてゐることをほこりとし、アジアの祝福となる日である(29)」というエールを記している。澤田にとって混血児教育は、「世界平和」の「使徒」として生まれた子どもたちが有しているだろう、日本だけでない複数の文化に由来する感性や能力を伸長させてやり、彼ら彼女らを日本や世界で活躍できる社会人に育てあげることだった。

こうした確固とした目的を達成するために、澤田は混血児と一般学齢児童との別学という教育方法を選択した。「血相半ば」という混血児の固有性こそが「日本の子のもたない能力」[30]の源泉であり、そうした異質な力をもった子どもたちを共学・平等の名の下に日本人に単に同化させてしまうのではなく、それを混血児たちが将来社会で生き抜いていくための労働を担保するよりどころにするべきと考え、彼女は子どもたち一人ひとりの人格・個性に即した教育を徹底しようと企図していたのである。

これに対して、文部省が推奨する混血児と一般児童との共学とは、タテマエ的には「教育の基本理念からいって、人種、種族の差別をつけるべきではなく、また世界人と交わるという国際的教育の立場からいっても一般の学校で教育するのが望ましい」[31]とするもので、文言上はもっともな考えといえる。しかしこうした「無差別平等」主義の教育は、「終戦以来混血児の指導に強い関心をもってきた」教育者、たとえば母子愛育会のメンバーなどにとっても「少なからぬ不満を感じさせ」るものだった[32]。とくに澤田にとって「無差別平等」主義は、ＧＨＱ公衆衛生福祉局（ＰＨＷ＝Public Health and Welfare Section）の局長クロフォード・Ｆ・サムスの占領政策以来の形式主義的発想と感じられ、彼女はサムスがいう「無差別、隔離しないで、はじめから日本人の中にとけこませる」という方針に対して「全然反対したやり方」を目指していた[33]。澤田は一九六三年十月刊行の著書『黒い肌と白い肌』で「サムス代将との口論」と題した節で、「進駐が終わって、日本を引きあげられるときに、アメリカ人を父とした子をみんなつれて行かれるというならば、いまからでも、指図にしたがいましょうが」、そうした意向もなく、ただ混血の「孤児は全国に散らして一ヵ所に集めるな」という教育方針には納得できない、とサムスにまくし立てたと記している。(34)

表2・3・4からわかるように、サンダースホームに入所している混血児百十八人のうち実に百三人の子の父親がアメリカ人で、母親の職業は二十二人が先にみたRAA協会などの出身者（「進駐軍関係」二十二人）やアメリカ兵の現地妻＝オンリーなど（「無職」二十八人）だった。そうした母たちは将来への不安や「生活困難」「父親帰国」による養育困難のためにわが子を手放したのだった。つまりサンダースホームは、民主主義や男女平等を謳うアメリカ占領政策の現実と矛盾した側面を少なからず映し出していたのであり、澤田の目には、サムスはそうした見られたくない、占領政策の恥部としての混血児を単に不可視化させ、その責任を放棄しようとしているように映っていたといえるだろう。(35)

したがって、サムスの方針を踏襲した文部省の混血児教育の共学方針は澤田にとっては受け入れがたいものであり、彼女は、サンダースホームに隣接する大磯小学校などからは「特殊教育」といわれながらも、あくまで別学にこだわったのである。(36) 文部省発行『わが国の教育の状況 昭和二十八年度』の「混血児について」と題した項では、「混血児といえども日本に国籍のある限り日本人である。こうした点からは他の一般児童と何ら区別すべきものでもない」(37)と断言している。そうした教育方針が公立小では掲げられていくのだが、本節の冒頭で述べたような、敗戦の劣等感を混血

表3　エリザベスサンダースホームに入所している混血児の母親の職業（1952年3月現在）
（出典：同書86ページ）

区分	計
ダンサー	9
事務員	2
進駐軍関係	22
手伝	2
喫茶ガール	6
店員	5
女中	3
商売	2
街娼	8
無職	28
不明	31
計	118

表4　エリザベスサンダースホームに入所している混血児の養育不能原因（1952年3月現在）
（出典：同書88ページ）

原因	人員
生活困難のため	13
病気のため	4
父親帰国のため	18
将来の事考へ入所	22
環境不適	20
再婚	5
捨子	36
計	118

表2　エリザベスサンダースホームに入所している混血児の父親の国籍（1952年3月現在）
（出典：前掲『混血児の母』46ページ）

総数		118
アメリカ人	白人	69
	黒人	34
	不明	2
	二世	0
日本人		3
韓国人		0
中国人		0
イギリス人		1
オーストラリア人		1
ロシア人		2
フランス系黒人		1
フィリピン人		3
スペイン人		1
不明		1
合計		118

児やその母に投影するような社会にあっては、文部省による形式的な平等主義は機能せず、そこで混血児たちがその固有な感性や能力を伸長させていくことは困難だと澤田が考えていたことがわかる。実のところ、その困難さは隣接する大磯小も認識していて、一九五三年の時点で同小は、混血児を受け入れる公立小が「彼等の変化多い個性を捉えてよりよい教育を営むことは相当の困難を伴うと思う(38)」と分析していた。

エリザベスサンダースホーム併設の幼稚園での教育実践

澤田が、学齢期を迎えた混血児のために聖ステパノ学園小学校を開校する直前の一九五三年三月に自著『混血児の母』を刊行した意味は、混血児に対する社会の無理解を是正するためであり、写真2のチラシにある徳川夢声のエールの言葉にあるように、混血児をとやかく批評する前にホームの現実をみてほしい、というものだった。広く社会に発信していこうというだけあってステパノ小の教育は先進的で、その特徴は一言でいえば「ダルトン・プラン式の教育(39)」、すなわち児童一人ひとりの個性や学習進度に応じながら、彼ら彼女らの興味関心や自発性を引き出すことで学習の深化をはかり、トータルな人間教育を施そうとする教育方法にあった。

実のところ、そうした先進的な教育方法は、一九五一年四月に開園したサンダースホーム併設の「幼稚園(40)」での教育の延長上にあった(写真3・4・5)。『混血児の母』には「保母の幼稚園日記」(抜粋)が収録されている(41)。以下、幼稚園の開園からの経緯を追って記事をいくつか検討してみよう。

四月十一日（水）晴後雨

十時松本牧師を迎えて、ホーム長と九人の子供達と供に幼稚園の開園式をする。（略）赤ち

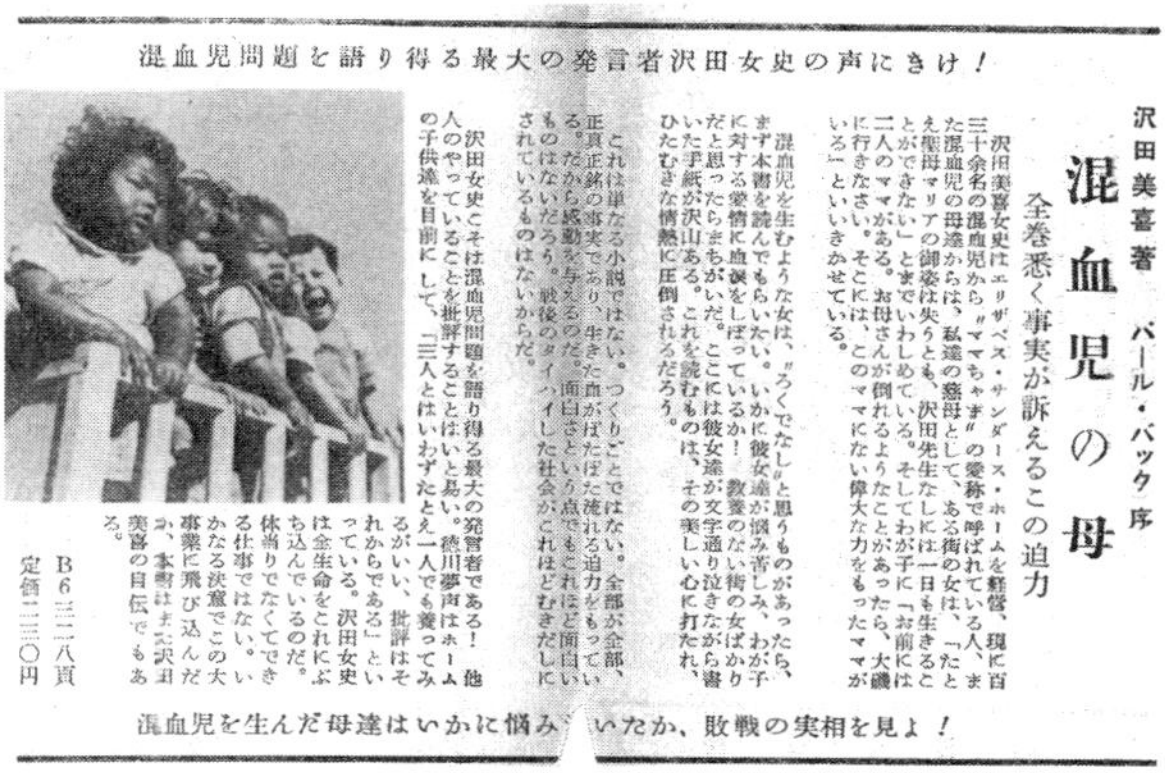

混血児問題を語り得る最大の発言者沢田女史の声にきけ！

沢田美喜著　パール・バック序

混血児の母

全巻悉く事実が訴えるこの迫力

沢田美喜女史はエリザベス・サンダース・ホームを経営、現に百三十余名の混血児から"ママちゃま"の愛称で呼ばれている人、また混血児の母達からは、私達の慈母として、ある街の女は、「たとえ聖母マリアの御姿は失うとも、沢田先生なしには一日も生きることができない」とまでいわしめている。そしてわが子に「お前には二人のママがある。お母さんが倒れるようなことがあったら、大磯に行きなさい。そこには、このママにない偉大な力をもったママがいる」といいきかせている。

混血児を生むような女は、"ろくでなし"と思うものがあったら、まず本書を読んでもらいたい。いかに彼女達が悩み苦しみ、わが子に対する愛情に血涙をしぼっているか！　教養のない街の女ばかりだと思ったらまちがいだ。ここには彼女達が文字通り泣きながら書いた手紙が沢山ある。これを読むものは、その美しい心に打たれ、ひたむきな情熱に圧倒されるだろう。

これは単なる小説ではない。つくりごとではない。全部が全部、正真正銘の事実であり、生きた血がぼたぼた流れる迫力をもっている。だから感動を与えるのだ。面白さという点でもこれほど面白いものはないだろう。戦後のタイハイした社会がこれほどむきだしにされているものはないからだ。

沢田女史こそは混血児問題を語り得る最大の発言者である！　他人のやっていることを批評することはいと易い。徳川夢声はホームの子供達を目前にして、「三人とはいわずたとえ一人でも養ってみるがいい、批評はそれからである」といっている。沢田女史は全生命をこれにぶち込んでいるのだ。体当りでなくてできる仕事ではない。いかなる決意でこの大事業に飛び込んだか、本書はまた沢田美喜の自伝でもある。

B6　三二八頁
定価二三〇円

混血児を生んだ母達はいかに悩み　いたか、敗戦の実相を見よ！

写真2　沢田美喜『混血児の母——エリザベス・サンダース・ホーム』（毎日新聞社、1953年）のチラシ
（出典：首都大学東京図書館所蔵の同書に挟み込まれていた）

写真3　エリザベスサンダースホームに併設した幼稚園
備考：木々の奥に見えるのが園舎
（出典：前掲『混血児の母』巻頭）

写真4　幼稚園での遊戯の様子
（出典：同書巻頭）

ゃんの時から運命の糸にあやつられて、すこやかにこの日を迎えた子供達を眺められたママちゃま〔澤田美喜のこと：引用者注〕のお心には、ひとしお感慨無量のものがあろう。そばの梨畑の白い花が風にゆられてともにこの日をよろこんでくれるよう。

四月十二日（木）雨

あいにくの雨、しかし長靴を出していただき、大きな傘に三人ずつはいって、かえって嬉しそう。バスケットに入れたお弁当をめいめいに持って、みんなに「行ってらっしゃい」と送られて、幸せそうに歩いて行く子供達を眺め、何か涙のこみあげて来る心持ちがした。ママちゃまが、ご自分のぬれるのもかまわず、幼稚園まで送って下さった。こんな幸せが子供達の上にいつまでも続きますようにと祈る。今日はじめてお道具箱を出し、はさみを使うおけいこをする。あやしげな手つきながらみな使えるようになった。

このように、九人の子どもたちで開園し、みんな希望に満ちあふれ、早速はさみの使い方を覚えたようである。するとこの二日後、新しい園児が入園してくる。

写真5　幼稚園での学習の様子
(出典：上＝同書巻頭、下＝同書227ページ)

四月十四日（土）晴
新しいお友達○雄ちゃんが一人ふえて、ちょうど十人。（略）日一日と少しでも進歩した子供達をみるのは楽しみだ。しかし私は、少しせっかちのような気がする。結果を急ぐのではない、子供達一人々々が自分で目的まで進むのを、忍耐をもって暖かい心で静かに待ちましょう。○雄も今日楽しそうで、お母さんを午前中思い出さぬようでホッと安心する。あまりよいお天気なので、二十分ほどお外で笹舟をつくって水たまりに浮かべて遊ぶ。
四月十七日（火）晴時々小雨
○雄もとても元気になったが、今日おべんとうの時、どうしたのか急にお母さんを思い出したらしく、シクシク泣き出した。「大きくなったら、またお母さんがお迎えにいらっしゃるからよい子になりましょう」と云ったら、「大きくならんでもええ、お金をくれたら一人で電車に乗って行く」と云う。「それではお母さんにお手紙書いてあげましょう」と云ったら、漸く納得する。無理もない。こんなに大きくなってから連れて来たのだから。

このように、四、五歳と推察される○雄がサンダースホームに入所して幼稚園に入園した。「保母」たちが彼に寄り添い、支えている様子が伝わってくる。前述のとおり、サンダースホームに入所した混血児たちは、それぞれがつらい過去を背負って孤独に生きてきたのであり、したがって幼稚園では彼ら彼女たちの間で仲間づくりが進むように、園舎外での協働的な教育実践を重視しておこなっていた。次の記事をみてみよう。

四月十八日（水）晴
　幼稚園はじまって、はじめて短靴で出かけられるような日和になった。タンポポが沢山咲きみだれ、「先生、タンポポよ、またタンポポよ」と大喜び。タンポポのまわりに集って、タンポポの歌を歌いながらお遊戯をしている。暖かな日光、麦畑の麦ものびて色とりどりの子供達の姿が絵のよう。（略）さようならのお歌も上手に歌えるようになり、先生サヨーナラと真面目なお顔でご挨拶もできるようになり、日一日と幼稚園の子供らしくなってきた。
五月十九日（土）晴
　四、五日前から瓶に入れたオタマジャクシの観察をしていたのを、昨日幼稚園の前の水たまりに入れてやる。子供達が喜んで朝、幼稚園へ来るとすぐ見に行く。それと苺が赤くなったか見に行くのが楽しみらしい。明日はお天気だったら、庭に芽の出ている朝顔、日まわりをきれいに子供達と植え替えてやりましょう。もっともっと自然に親しませ、実際に見たりしないとやはり絵も描けない。

　子どもたちが自然のなかで歌い踊り、また生き物や植物を観察するなかで、協働の学びをおこなっていたことがわかる。そして幼稚園では、こうした協働的な学びの総決算として、澤田の別荘があった鳥取県岩美町へ十日間に及ぶ臨海学校に出かけた。引率した「保母」の長枝英子氏は臨海学校での学びを幼稚園日記に次のように記している。

七月十六日─二十五日

後に山をひかえ、前はお庭からすぐ海で、一つの入江にただこの家が一軒あるのみ。めったに人も来ず、遠浅で五十米ぐらい行っても子供の背が立ち、水はすきとおって、底まで日の光がすけて泳いでいるお魚が見えるほど。大好きないろいろの種類のかにを取りに、子供達はわれを忘れてただ遊ぶばかり！ 実に涙が出るほど楽しそう。（略）集会にいらしてた聖公会の牧師様から面白いお話を伺ったり、お舟にご一緒に乗せていただいて付近を見物したり、網を引くのを見せていただいたり、子供達にとっては生涯忘れぬ楽しい思い出となったことだろう。あたりの自然の美しさと共に、私にとっても子供達と寝起きを共にした忘れられない十日間となった。子供達の知識の上にも実にいろいろの事を学び得たと思う。

このように、大自然のなかで生き物のにぎわいに触れながら、遊びながら、「共に」学び合う園児と「保母」の姿が印象的である。沿岸を海から観察したり、漁業の様子を見学したりなど、まさに生きた「知識」を子どもたちが獲得した場面であり、現代風にいえば、体験型の主体的・対話的で深い学び＝アクティブ・ラーニングとでもいうべき教育実践だろう。

3　幼稚園から小学校へ――ステパノ学園の実践と苦悩

聖ステパノ学園小学校の設置認可

聖ステパノ学園小学校の設置認可は、学校教育法第四条の規定による私立小学校として、神奈川県知事・内山岩太郎の名で一九五三年四月十日付で下りているが、申請に際して学園は次のような「設立趣意書」を添付していた[42]。なお、申請自体は同年の三月十日におこなわれている。

設立趣意書

終戦後進駐軍の人達と日本婦人との間に正規の結婚によらないで生まれた混血児の問題は敗戦が我々に与えた最大の社会問題の一つであります。殊にその中でも生まれながらにして自分の知らない暗い影を負わされながら、その両親とも離れ適当なる養護者もない混血児達の悲運はその子達を抱くわれわれ社会の不幸と共に胸を打つものがあります。そこで私共同志は昭和二十三年二月神奈川県大磯町の地にその子達の養護施設エリザベスサンダースホームを開設いたしました。爾来今日まで内外の支援を得て逐次施設を整備拡充し現在百三十余名の混血児がこゝですくすくと幸せに生育しつゝあります。然るに今年はこの子達の中で十七名が就学適令に達しました。そして明年度からは引きつゞき同数程度の学令児が毎年出る見込みがあります。

> 政府ではこれらの混血児達を一般児童と同様に普通公立学校に於いて教育する原則を決められました。然し私共は、この子達の将来を想うときに、この子達が今後社会の荒波に耐えて健全に成人し幸せに処世してゆけるためにはこの子達の能力を伸ばし人格の完成を図ると共に特別な技能を身につけさせ、また例え海外に渡つても外国人に伍して引け目を覚えないだけの教育をそなえさせることが必要であるといふことをこれまでの経験を通して確信するに至りました。勿論一般には政府の方針による普通公立学校に於いて教育されることに反対するものではありません。然しまた多数の中にはその子の性質により又環境により必ずしもこの方針のみによつては幸せに成育され得ない場合も少くないと思われます。このような考えの下にこの度、私共はエリザベスサンダースホームの収容児と殊に希望する混血児達のために独立した小学校を設立することを決意いたしました。

このように、前述した文部省の「無差別平等」主義の共学方針では混血児たちが「幸せに成育され得ない場合も少なくない」という見解から、混血児たちそれぞれの「能力を伸ばし人格の完成を図ると共に特別な技能を身につけさせ」る学びが重要であることを提言している。では、人格の完成と技能の習得の両方を成し遂げうる混血児教育とはどのようなものだったのか。以下、具体的な学びの様子を概観してみたい。

幼稚園から引き継がれたステパノ小学校での教育実践

前節でみたように、サンダースホームの混血児たちは小学校入学前にすでに幼稚園で協働的・体験的な学びを深めていたのだが、こうした教育実践は一九五三年四月開校のステパノ小学校に引き継がれていく。実のところ、ステパノ小の教育には文部省も注目していて、『昭和三十年三月　混血児指導記録　二』は、ステパノ小の教師から寄せられた同小実践記録を掲載している。(43)

その記録によれば、ステパノ小の在籍児童は二学年二十人（男子十三人うち白人系十二人・黒人系一人、女子七人うち白人系三人・黒人系三人・インド系一人）、一学年十八人（男子七人うち白人系六人・不明一人、女子十一人うち白人系六人・黒人系四人・不明一人）の計三十八人で、この子たちは「捨て子にされた子、放浪の旅を母子ともに続けなければならなかった子、生計にあえぎながら断食を強いられた子、栄養失調で正常な発育ができなかった子、憎らしさのあまり殺されかかった子、しらみだらけの子、母親が精神異常者となってしまった子」など、「ふつうの小学校に通っている混血児たちよりも、もっともっと苦しい乳幼児時代を経験していて、サンダースホームにまさに救われた子どもたちだった（写真6・7・8）。

写真6　澤田美喜を囲む子どもたち
（出典：前掲『混血児の母』巻頭）

同小の教育環境は「教室三、工作室一、教員室一と現在五室より成立し、総て一級二十名、一学年一級の定員規格」で、「児童の発達段階に応じて、天井の高さ、色彩、戸棚など設計されたものであり、特にカラー、コンディションの上から苦労して作られ」、「ホーム内だけの生活をしている児童たちにとって、日々単調に流れやすい気分を防ぐために、変化に富んだ」学び舎にしようと「廊下を階段状にしたり、遊び場としての廊下をくふうしたり、また野外学習のための芝生の庭を各教室に付属さ

写真7　大磯町の岩崎家別邸の玄関で
(出典：前掲『混血児の母』巻頭)

写真8　おやつを食べている子どもたち
(出典：前掲『混血児の母』巻頭)

せ」るといった、かなり恵まれたものだった。その理由は、「あらゆる事に劣等感を持ちやすい混血児」に「他のどの学校と比べても、劣らない校舎」を与えてやりたかったからだという。そして、そうした教育環境の下の学級経営では「どこまでも個人指導に力を注」ぐことが重要とされ、教師は「教科担任」的な教師ではなく「家庭的な関係」に配慮した「児童の話し相手」と位置づけられていた。その結果育った子どもたちの「良い面」を次のように紹介している。

芸術的な要素を多く有し、白人系、黒人系ともに非常に美しい色彩感覚を持って独創的な絵を画く。白人系はピンク、みず色、うすみどり、むらさきなど中間色が好き。黒人系は黒赤黄など原色好きで、色感が強い刺戟性を持っている。

手先きの仕事が器用で、粘土、木工、刺繡のようなものが好きである。

音感に優れ、合唱がよくハーモニーする。合奏も好む。（略）黒人系男子はリズミカルな面が目立ちすぐ踊り出す。

自分の感情を隠すことなく率直に表現し教師に遠慮感を全然持たない。

学校内の友人について白人系、黒人系が相対立して争う事はまったくない。(44)

低学年ということもあり、このように個に応じた感性や能力の伸長を芸術教育を基調におこなっている。混血児に固有の可能性を開花させようとする人格主義の教育が実践されていたことがわかる。

絵ばかり描いている黒い子

助が法律上切れるからである。その途端、食べて行かれないようでは困る。腕に何かつけて、自分で自分のパンを得て行かれるようにしてやらなければならない。そこに私たちホームを経営するものの義務がある。共同募金の金などは、そういう風に使ってこそ意義がある。

しかも、普通の子が日本人として世の中に出て行くのと、不道徳の極印をおされたような私生児が、あの顔色、あの目の色、あの髪の毛で、はげしい社会に放り出されるのとでは、生きて行くつらさは比較にならない。

そこで私は、小学校から将来の職業をきめて行きたいと思っている。たしかに混血児には低能児が多い。しかし全部が全部悪いというようなのではなく、好きなものは天才的な

写真9　絵に夢中の黒人系の子
備考：澤田自身が当時一般的に使われていた差別的用語を用いているとはいえ、後述するように澤田やステパノ小はそうした社会的差別を乗り越える教育実践を展開していく
(出典：前掲『混血児の母』218ページ)

ここで写真9をみてみよう。これは、前項でみた「幼稚園」での一コマである。注目したいのは、この子をめぐっての澤田の教育論すなわち技能教育論である。本文中にあるように澤田は、「不道徳の極印」を押された混血児たち、とくに黒人系の混血児たちが差別の「はげしい社会に放り出される」前に何らかの技能を身につけさせて、それを将来社会で生き抜くうえでの手立てにしようと考えていた。現在の私たちが当然視する子どもの自己決定権の理想からすれば、「小学校から将来の職業をきめて行きたい」という澤田の技能教育論は、子どもの自由な選択をなおざりにした、子

どもをめぐる権利に疎い教育論にみえるかもしれない。ただ、ここで留意しておきたいのは、澤田がそう考えざるをえなかった理由である。彼女が危惧するのは、敗戦の劣等感やそれと表裏一体の差別、あるいは人種的偏見など、さまざまな抑圧にあふれる日本社会で黒人系の混血児たちが自ら職を得て生き抜くには大きな困難が伴うということであり、彼女は誰よりもその問題の重さを理解していたのだった。第4章で詳述するように、そうした危惧は混血児たちが就職時期にさしかかった一九六〇年代前半から七〇年代前半にまさに現実のものとなる。ステパノ小で芸術教育を重視しているのは、将来の労働を見据えての技能教育の一環だったことがわかる。なお、芸術教育と連携した技能教育については、五九年四月開校のステパノ中学校の事例から次章で詳述したい。

もっとも、ステパノ小では、技能教育に接続していく芸術教育など、子どもたちを単に自ら個別的に関心をもつ活動にだけ没頭させていたわけではない。前述の『昭和三十年三月　混血児指導記録　二』では、共同生活を日々送る「施設児童として、友人に対する思いやり、教師に対する思いやり」もしっかり育てていると記されている。[45] 翌年発行された『昭和三十一年四月　混血児指導記録　三』にもステパノ小の実践が寄せられていて、[46] その記録は、子どもたちは「全体的にいって、非常に性格的に明る」く、「施設のこどもによく見られる暗い寂しい感じ、というものが、およそ感じられ」ず、「常に明るく朗らかで」、参観者には「想像していたよりずっと明るいですね」と言われるのが常だと報告している。混血児たち同士が仲間を思いやる良好な人間関係を築いていたことがうかがえるだろう。

しかし、最上級生が三年生になったこの一九五五年には、子どもたち自身が「人種的相違を感じてきているので今後の指導に注意を要する」という理解が教師間で共有されていて、「クラスのふんい気として、白人系の児童が黒人系の児童を軽べつし、そのために人種的な劣等感から」黒人系児童が「内向的な、寂しい面を持つ」ようになってきたことは「はっきり言える」と報告されている。前述の五四年報告では「学校内の友人について白人系、黒人系が相対立して争う事はまったくない」と報告していたが、子どもたちの一年の成長が混血児たちの内部に白人/黒人の序列を生じさせたことがわかる。そして五五年報告では、白人/黒人間の問題の報告に続いて「日に日に成長していくかれらに当然生れてくるだろう、自分たちの生に関する疑問」に「どのような解決を与えるか」は「聖ステパノ学園が、その御名によって建てられている神を通して、なされる道があるのだと思っている」と締めくくっている。

実のところ、混血であることをめぐって生じるいじめや差別などの諸矛盾を「神を通して」「解決」しようとする方針はステパノ小の創立以前からサンダースホームで掲げられていたもので、前述した一九五四年の実践記録にあった同小の教育実践の「良い面」には、従来からの「宗教教育の結果、その人に応しい髪、目、皮膚を神様はくださったのだと大部分の普通の児童は信じて」いて、「一般社会の小学校の児童は、神様を知らないから気の毒だと同情を寄せている」と記されていた。

〈教育〉と〈信仰〉の間、〈労働〉と〈移住〉の間

澤田はステパノ小の開校前の時期に、すぐ近くの大磯小学校の児童に「クロンボ」と言われて自分が「黒人」であることを知り「折々ふさぎこんで」しまう子どもと真摯に向き合うなかで、「つ

めたい」社会の現実に対しては「信仰」の「とりで」に「守られる」という防御策が重要であるという認識に至っており、そのことをすでに一九五三年三月刊行の自著『混血児の母』で記していた[47]。ステパノ小の実践は、日本社会の分厚い差別意識の壁の前にあって、常に教育と信仰の間を揺れ動いていたのである。したがって、澤田の構想は行き届いた〈教育〉のあとに自然に社会から授けられるだろう〈労働〉に関しても揺れ動いていて、すでに五四年の段階で、ステパノ小一期生である二年生の将来のブラジル移住のために土地買収に動きだしていたのだった。一九五四年十二月十二日付「神奈川新聞」は、「混血児がブラジルへ　サンダース・ホーム　沢田さんのおみやげ」と題した次のような記事を掲載している。

十一日未明、空路帰国した大磯町、エリザベス・サンダース・ホームの沢田美喜さん（五三）はサンパウロ州の新大地約二十アルケール（五十町歩）を買収するという耳よりな話をもたらした。（略）渡伯する混血児はさしあたって私立聖ステパノ学園小学校（サンダースホーム内）の二年生約二十人〔のなかの何人か：引用者注〕で、一、二年間みっちりブラジル教育を行い、このこどもが十八歳になるまでの十年間に移民させ、さらに全国各地から優秀な混血児を募って、南十字星の下の新天地を開発、混血児問題の理想的な解決をはかるという。

澤田は、一九六三年時点で「日本に残る子」として「音楽に才能のある子」や高校で「良い成績をあげて」いる子などの存在を記している[48]。彼女が混血児たちに複数の生きる道を用意していたことは明らかだろう。別学の〈教育〉によって、単一ではなく複数の文化に由来する感性や能力を伸長させ「アジアの祝福」となるような、混血児たちの未来の〈労働〉を展望していた澤田だったが、日本社会の厳しい現実の前に、南米への〈移住〉という別の選択肢も準備していたのである。澤田は日本社会で〈教育〉から〈労働〉へのルートに乗れないと予想される子どもたちのために、〈信仰〉の「とりで」から「混血の天国、ブラジル」[49]〈移住〉へのルートという別の生きる道も用意し、第4章で詳述するように、それを現実化させていく。[50]

また澤田は、その他にも混血児たちの生きる道としてアメリカでの養子縁組を進めていて、一九五四年十二月二十四日付「神奈川新聞」(写真10)では「ホームで百八十人目の養子」となった四歳の子がアメリカへ「ウサギのオモチャをしっかりとかかえて」旅立ったと報じている。受け入れた夫婦は「カンサス州カンサス市の楽器会社重役」だという。現実問題として、百人を超えるホームの子を養子に出さずに全員ステパノ小に入学させていたら、二十人学級は不可能であり、一人ひとりの児童と向き合うダルトン・プラン式の人格主義教育の実践は困難だったと考えられる。

以上のように、澤田は、日本に残らない=日本に居場所がない混血児のために日本での教育とは別の生きる道を用意していたのだが、だからといって彼女の教育実践の意義は薄れないといえる。サンダースホーム併設の幼稚園やステパノ小の実践が、子どもの養育保護のセーフティーネットすなわち社会的養護という意義だけではなく、親や社会から見捨てられた絶望的な状況にありながらも、仲間とともに生きる意味を見つけながら社会で生きていく知恵や勇気を獲得していく〈教育〉としての豊かな可能性を有していたことに変わりはない。混血児という現代風にいえば多文化な個を平等主義という正当性の下で不可視化し、さらに今後は産まないようにという啓発を進める優生学的な実践を進める文化国家に対して、第3章以降でも詳述するように、澤田は子どもの過去・現在・未来を見据えた〈教育〉を実践し続けていく。

昭和２９年１２月２４日

混血児へXマス・イヴの贈り物

めぐり来るきょう二十四日はクリスマス・イヴ。星ひかるきよしこの夜、新しい父母の国に胸ふくらませて、ひとり旅の混血孤児が日航機で太平洋を横切ろうとしている。サンタのおじさんはこの子に最大のプレゼントをしようというのだ。

秀一ちゃん米國へ立つ

手にウサギのおもちゃをしっかりと

渡米した秀一ちゃんと沢田夫人

ホームで百八十八日の養子

写真10　混血児のアメリカでの養子縁組を報じる「神奈川新聞」1954年12月24日付
（出典：神奈川県立図書館かながわ資料、新聞・雑誌室所蔵）

おわりに

占領下に法制化された復興のための優生思想は、混血児に「不良な子孫」というイメージを少なからず刻印し、差別を助長させていた。しかし、そうした現実にはほとんど配慮せず、形式的な無差別平等主義の教育を推奨するＧＨＱや文部省は、混血児一人ひとりの人間性と向き合うのではなく、混血児を全国の公立小にバラバラに入学させ、日本社会のなかで不可視化させようとした。

これに対して、エリザベスサンダースホーム園長・聖ステパノ学園小学校長の澤田美喜は、混血児たちの別学教育を推進し、子どもたちの過去・現在・未来を見据えた教育、すなわち、その子の生い立ち・境遇・現状だけではなく、それらを踏まえた将来の労働のあり方を見通した教育に尽力した。彼女の教育実践は、現在の「多文化共生」教育の水準(51)からすれば、別学をとったために国際理解を目的とした交流の側面がいくぶん弱いなど未熟な側面もあるが、澤田の死を追悼する「広報おおいそ」が評するように、「世界のいたるところで、敗者、弱者、少数者を見捨て見殺しにすることを是とし黙認する、人間すべての中にひそむ卑劣さに対する挑戦(52)」だったのであり、戦後教育のひとつの大きな可能性を示していたといえるだろう。しかしながら澤田の実践も、日本社会の分厚い差別の壁の前に、人格主義の教育は敬虔な信仰との間で、日本ひいては世界での労働は南米への農業移民との間で往還していたのであり、試行錯誤を繰り返していたのだった。

次章では、日本「独立」後の公立小学校での混血児教育について検討したい。

注

(1) 前掲「「混血児」問題と単一民族神話の生成」
(2) 藤目ゆき『性の歴史学――公娼制度・堕胎罪体制から売春防止法・優生保護法体制へ』不二出版、一九九七年、四二一―四二三ページ
(3) 前掲「「生存」を問い直す歴史学の構想」
(4) 「聖ステパノ学園月報」一九六二年六月号、聖ステパノ学園(聖ステパノ学園所蔵)
(5) 大磯町での澤田美喜の活動の概略は、筆者が執筆した『資料編 近現代』第三巻(大磯町編、〔「大磯町史」第五巻〕、大磯町、二〇〇六年)や『通史編 近現代』(大磯町編、〔「大磯町史」第七巻〕、大磯町、二〇〇八年)の該当部分を参照。
(6) 高崎節子『混血児』同光社磯部書房、一九五二年、二三ページ
(7) 上坪隆『水子の譜――引揚孤児と犯された女たちの記録 昭和史の記録』(現代史出版会、一九七九年)の第二部と、武田繁太郎『沈黙の四十年――引き揚げ女性強制中絶の記録』(中央公論社、一九八五年)一五ページを参照。
(8) 前掲『混血児』二三ページ
(9) 以下、慰安施設に関する記述は、早川紀代「占領軍兵士の慰安と買売春制の再編」(前掲『占領と性』所収)や同書巻末の年表、平井和子『日本占領とジェンダー――米軍・売買春と日本女性たち』(〔フロンティア現代史〕、有志舎、二〇一四年)などを参照。

(10)沢田美喜「混血児とともに」、教育技術連盟編「教育技術」第七巻第七号(臨時増刊)、小学館、一九五二年、九九ページ
(11)沢田美喜『混血児の母――エリザベス・サンダース・ホーム』毎日新聞社、一九五三年、八七ページ
(12)同書八五ページ
(13)同書四五―六二ページ
(14)前掲「混血児とともに」九九ページ
(15)国民優生法から優生保護法への変遷については、序章注(7)の前掲「日本」を参照。
(16)同論文一八六ページ
(17)太田典礼は、一九〇〇年、京都府生まれ。九州帝国大学医学部卒。産児制限の研究に取り組み、すでに戦前にあって避妊器具として「太田リング」を発案したことで知られている。戦後の太田は本格的に産児調節運動・優生運動(バースコントロール)を展開して、七六年には日本安楽死協会を設立し(一九八三年に日本尊厳死協会に改称)、安楽死容認運動(デスコントロール)も推進した。八五年没。
(18)太田典礼『反骨医師の人生――太田典礼自伝』現代評論社、一九八〇年、三六ページ
(19)太田典礼『堕胎禁止と優生保護法』経営者科学協会、一九六七年、一五九―一六〇ページ
(20)同書一六五ページ
(21)たとえば、朝鮮戦争直前の一九五〇年四月に提出された相模原町長ほかによる神奈川県知事宛て陳情書によれば、同町ではアメリカ兵とくに黒人兵の「強窃盗、暴行、傷害等の事件が絶えず」「町民は日没後は門戸を鎖じ、夜間の外出は不可能なるに至つた」と訴えている(前掲『相模原市史 現代

資料編』四八四ページ）。
（22）生殖の政治学や日本近現代の家族計画などの研究を牽引してきた女性史・ジェンダー研究者の荻野美穂は、優生保護法制定に関わった法務省関係者や医療関係者の回想などから、同法の制定過程には混血児への忌避が少なからず作用していたことを示唆している（荻野美穂『家族計画への道――近代日本の生殖をめぐる政治』岩波書店、二〇〇八年、一七三―一七五ページ）。
（23）前掲『混血児の母』一九六ページ
（24）前掲『混血児』四一ページ
（25）同書四一―四二ページ
（26）「混血児対策に関する答申」、全国社会福祉協議会編「社会事業」全国社会福祉協議会、一九五三年九月、一〇二ページ
（27）前掲『混血児の母』三―九ページ
（28）聖ステパノ学園創立五十周年記念誌編集委員会『聖ステパノ学園はいま』聖ステパノ学園、二〇〇三年、二〇一ページ
（29）沢田美喜「入学期を迎えた混血児」「ニューエイジ」第五巻第三号、毎日新聞社、一九五三年、二四ページ
（30）同論文二三ページ
（31）牧賢一「混血児の問題」、全国社会福祉協議会編「社会事業」第三十六巻第一号、全国社会福祉協議会、一九五三年、二七ページ。牧は全国社会福祉協議会の調査部長で、エリザベスサンダースホームの理事でもある。
（32）愛育研究所員／武田俊雄「混血児の指導に関する一考察」、文部省初等中等教育局編『昭和三十二

年六月　混血児指導記録』第四巻所収、文部省、一九五七年、一二八ページ（国立教育政策研究所教育研究情報センター教育図書館所蔵）

（33）前掲『混血児の母』二一三ページ

（34）沢田美喜『黒い肌と白い心――サンダース・ホームへの道』日本経済新聞社、一九六三年、一七五―一七六ページ

（35）アメリカ史研究の立場から占領下のバースコントロール＝生殖の管理のあり方を解明した豊田真穂によれば、サムスは日本政府によるバースコントロール政策に不干渉の姿勢をとり、あくまで日本政府の自発性の下に（自己決定の下に）産児制限をおこなうというタテマエを貫いていたという。詳しくは、豊田真穂「アメリカ占領下の日本における人口問題とバースコントロール――マーガレット・サンガーの来日禁止をめぐって」（関西大学人権問題研究会編「関西大学人権問題研究室紀要」第五十七号、関西大学人権問題研究室、二〇〇九年）や、同「アメリカ占領下の日本における生殖の管理――優生保護法の不妊手術／断種」（「アメリカ史研究」編集委員会編「アメリカ史研究」第三十六号、日本アメリカ史学会、二〇一三年）を参照。このようにバースコントロール不干渉姿勢をとるサムスは、生まれてきた混血児に対しても不干渉の立場、すなわち放置の立場を貫いたと推察される。

（36）大磯小学校創立八十周年記念事業委員会編『大磯小学校八十年史――大磯小学校創立八十周年』大磯小学校創立八十周年記念事業委員会、一九五三年、二一七―二一八ページ

（37）この資料は文部科学省のウェブサイトで閲覧可能である。「「わが国の教育の現状」（昭和28年度）」「文部科学省」（http://www.mext.go.jp/b_menu/hakusho/html/hpad195301/index.html）［二〇一七年十月二十一日アクセス］

（38）前掲『大磯小学校八十年史』二一八ページ

(39) 前掲『混血児の母』二一九ページ
(40) 聖ステパノ学園のウェブサイトによれば、幼稚園の正式な開園はステパノ小学校と同じ一九五三年四月とされている「聖ステパノ学園 学園の歴史」(http://www.stephen-oiso.ed.jp/history/index.html)［二〇一七年十月二十一日アクセス］。同園は保育施設＝保育園として五一年四月に開園し、ステパノ小学校と同時に小学校併設の教育施設－幼稚園として認可を受けたものと推察される。前掲『混血児の母』では「幼稚園」が（五一年）四月十一日の水曜日に開園したと記されていて（同書二二六ページ）、当事者たちはあくまで「幼稚園」と認識していたと思われる。したがって、本章でも「幼稚園」と記すことにする。なお、五一年という記載は同書にはないが、四月十一日が水曜日であるという記載から五一年と断定した。
(41) 同書二二六―二四四ページ
(42) この設置認可書類は「神奈川県指令 学 第一三三二号」（神奈川県、一九五三年）という文書名で、現在も聖ステパノ学園に保管されている。
(43) 文部省初等中等教育局編『昭和三十年三月 混血児指導記録』第二巻、文部省初等中等教育局、一九五五年、五〇―六〇ページ（国立教育政策研究所教育研究情報センター教育図書館所蔵）
(44) 同書五六―五七ページ
(45) 同書五七ページ
(46) 文部省初等中等教育局編『昭和三十一年四月 混血児指導記録』第三巻、文部省初等中等教育局、一九五六年、一六〇―一六四ページ（国立教育政策研究所教育研究情報センター教育図書館所蔵）
(47) 前掲『混血児の母』一九七―一九九ページ
(48) 前掲『黒い肌と白い心』二五六ページ

（49）同書二三九ページ
（50）沢田美喜『母と子の絆——エリザベス・サンダース・ホームの三十年』ＰＨＰ研究所、一九八〇年、一五四—一八三ページ
（51）恒吉僚子「多文化・他言語教育」、江川玫成／高橋勝／葉養正明／望月重信編著『最新教育キーワード』第十三版所収、時事通信社、二〇〇九年、六二—六三ページ
（52）「広報おおいそ」第二百三十七号、大磯町、一九八〇年

第2章　日本「独立」後の公立小学校の混血児教育

――日本人として学ぶ［一九五〇年代中葉］

はじめに

本章は、一九五二年四月二十八日にサンフランシスコ平和条約が発効して敗戦後の占領が終わり、日本が「独立」して以降、混血児を日本人へ同化する方針を強めていく厚生省や文部省の下で、公立小学校での混血児と日本人との共学実践がどのように展開していたかを検討する。

周知のようにサンフランシスコ平和条約は、「日本国とアメリカ合衆国との間の安全保障条約」と一対のものとして発効し、その結果、アメリカは日本に軍事基地をもち続けて西太平洋の軍事戦略の拠点として利用し、さらに日本はアメリカが関わる戦争を支え続けて現在に至っている。朝鮮戦争（一九五〇―五三年）下の日本は、アメリカ軍の発進・攻撃基地、兵站・補給基地、修理基地、演習・訓練基地を置く場所として利用され、沖縄の嘉手納基地、東京の立川基地、北海道の千歳基地などが爆撃機・輸送機・偵察機の出撃拠点になっていた。[1] 基地周辺の繁華街はアメリカ兵でにぎわい、基地を抱える地域では混血児たちの姿が見慣れた風景となっていた。

こうした時代の混血児問題について、社会学者の田口ローレンス吉孝は、厚生省内で初めて混血児に関する議論が展開されたのは一九五二年七月九日の第二十五回中央児童福祉審議会だとし、そこでは、混血児の総数などそもそもの実態把握の必要性や、混血児の海外養子縁組の動向、学齢に達した混血児を「隔離保護」するか「同化」するかについての議論が展開されていたと指摘している。[2] 総じて、厚生省の混血児対策は「海外養子縁組を推進することで極力かれらを「外国人」化させて」いき、他方「日本に残った「混血児」については「日本人」化という対応」を進め「一般児童と同様の「福祉」の対象」とする一方で、「人種差別」については「具体的な対策が示されないまま放置され」、日本社会にあって混血児の「存在自体が無化されていった」と田口は評価している。[3]

本章では、右のような厚生省の方針の下で、実際に教育を通して混血児たちがどのように日本人化され「無化」されていったのかを、公立小学校での教育実践の分析から考えてみたい。具体的には第一に、文部省の混血児教育の方針をいじめ問題への対応などから確認し（第1節）、それを踏まえて第二に、公立小学校での平等主義に基づいた混血児教育の実態を、白人系女子の事例から解明する（第2節）。第三に、白人系混血児に比べて差別が大きかった黒人系男子の事例から、教師による日本人への同化圧力が、学年が上昇するにつれて強化されていく様子を跡づけ（第3節）、第四に、それでもなお同化に抗っていくための社会的連帯のあり方を、地域社会のなかでの〈弱者〉の連帯から探ってみたい（第４節）。そして最後に、公立小学校の混血児教育の意義と限界について考える。

1　文部省の混血児教育の方針――いじめへの全学的な対応

混血児数のあいまいさ

そもそも一九五三年当時の厚生省や文部省は、混血児の数自体を把握できずにいた。敗戦後に生まれた混血児が学齢児童となる五三年四月を目前に控えて、女性運動家の久布白落実は「混血児の新らしい諸問題」と題した同年三月の論考で、前年までは二十万人とも十五万人とも十万人ともいわれていた混血児数について、年末の「十二月廿三日現在で」「厚生省発表として新聞に報ぜられた五〇一三人」という数字があるが、厚生省の調査は「全国の助産婦及び産婦人科医登録総数四万四三一二人に問合せを出し、その七十七％の返事が集まったもので」あり、混血児の「実数はこれに上廻ることは当然」[4]と述べている。日本人の母の子であれば日本国籍だが、「無籍の者」が少なからずいて、[5]六〇年二月時点での文部省の認識でも、「戸籍上祖父母の子として入籍している例もかなりあって、混血児であるかどうかを確認する手段がないため、正確な数を調査することは困難[6]」だとしていた。

混血児就学元年といわれた一九五三年の混血児就学者数は表５・６の文部省調査によれば公立小

表5　文部省による混血児就学状況調査集計（公立小学校）

公立小学校〔10人以下の県は省略：引用者注〕								
	合計	皮膚の識別		養育者別				就学小学校数
		白色系	黒色系	父兄(実母)	縁故者	知人(含里親)	養護施設	
北海道	22	20	2	16	2	0	4	18
…	…	…	…	…	…	…	…	…
埼玉	13	13	0	10	1	0	2	9
…	…	…	…	…	…	…	…	…
東京	50	37	13	36	6	2	6	34
神奈川	77	55	22	51	5	1	20	39
…	…	…	…	…	…	…	…	…
愛知	22	18	4	22	0	0	0	20
…	…	…	…	…	…	…	…	…
京都	26	20	6	17	4	4	1	23
大阪	22	20	2	18	1	2	1	20
…	…	…	…	…	…	…	…	…
長崎	19	18	1	11	4	2	2	16
熊本	10	10	0	2	1	1	6	5
…	…	…	…	…	…	…	…	…
合計	345	279	66	238	42	19	46	263

表6　文部省による混血児就学状況調査集計（私立小学校）

私立小学校								
	合計	皮膚の識別		養育者別				就学小学校数
		白色系	黒色系	父兄(実母)	縁故者	知人(含里親)	養護施設	
青森	2	2	0	2	0	0	0	1
宮城	5	5	0	5	0	0	0	1
東京	3	3	0	3	0	0	0	3
神奈川	34	27	7	5	1	1	27	7
長崎	3	3	0	0	0	3	0	1
大分	4	3	1	0	0	0	4	1
合計	51	43	8	15	1	4	31	14

備考：文部省によれば「ここでいう混血児は、白色系或は黒色系の混血児のみをさし、黄色系の混血児は含んでいない。ただし、正常な結婚によるものか否かの区別は問題にしなかった」という。また、調査方法は、「公立小学校は都道府県教育委員会、私立小学校は都道府県を通じて調査した」としている（下記出典の「混血児就学状況調査集計表 1953年4月20日現在」128―130ページ）

（出典：文部省初等中等教育局初等教育課「混血児就学状況調査集計表 1953年4月20日現在」〔文部省初等中等教育局初等教育課編『昭和二十九年三月 混血児指導記録 一』文部省初等中等教育局、1954年〕〔国立教育政策研究所教育研究情報センター教育図書館所蔵〕から作成。網かけは引用者）

三百四十五人、私立小五十一人、計三百九十六人である。表中の「備考」に記したように、この数は主に都道府県教育委員会を通しておこなわれた調査によるもので、正確とはいえないだろう。後述するように、学校が混血児の入学を把握するのは入学直前の身体検査のときであり、その方法は、名前が日本名の子が多かったので見た目で混血児かどうかを判断するというものだった。

とはいえこの表からは、混血児がどの都道府県に多いかという傾向は読み取れる。最も多いのは神奈川県であり、そのことは、敗戦後の占領軍の主要な駐屯地だったこと、および、第1章で述べたように、朝鮮戦争期のアメリカ兵の移動に伴って売春を生業としている母とその混血児たちがキャンプ座間の周辺に移動していたことなどに起因しているといえるだろう。また、北海道に多いのは、朝鮮戦争期にアメリカ軍の爆撃機・輸送機・偵察機の出撃拠点のひとつになっていた千歳基地にちなむと推察できる（図1を参照）。

神奈川県の公立小一年生となった混血児のうち横浜市内の小学校に入学した者は、一九五三年四月一日付「神奈川新聞」によれば五十七人（白人系男子十四人・女子十五人、黒人系男子二十三人・女子五人）である。そのうち混血児の入学者が「一番多い」のは中区山手町の元街小学校の十九人（男子十七人、女子二人）だが、それ以外の三十八人については各小学校におおむね一人ずつ、多くても四人で、それは一校にすぎなかった。はたして、公立小学校に一人や少人数で入学した混血児はどのような状況に置かれたのだろうか。以下で検討してみよう。

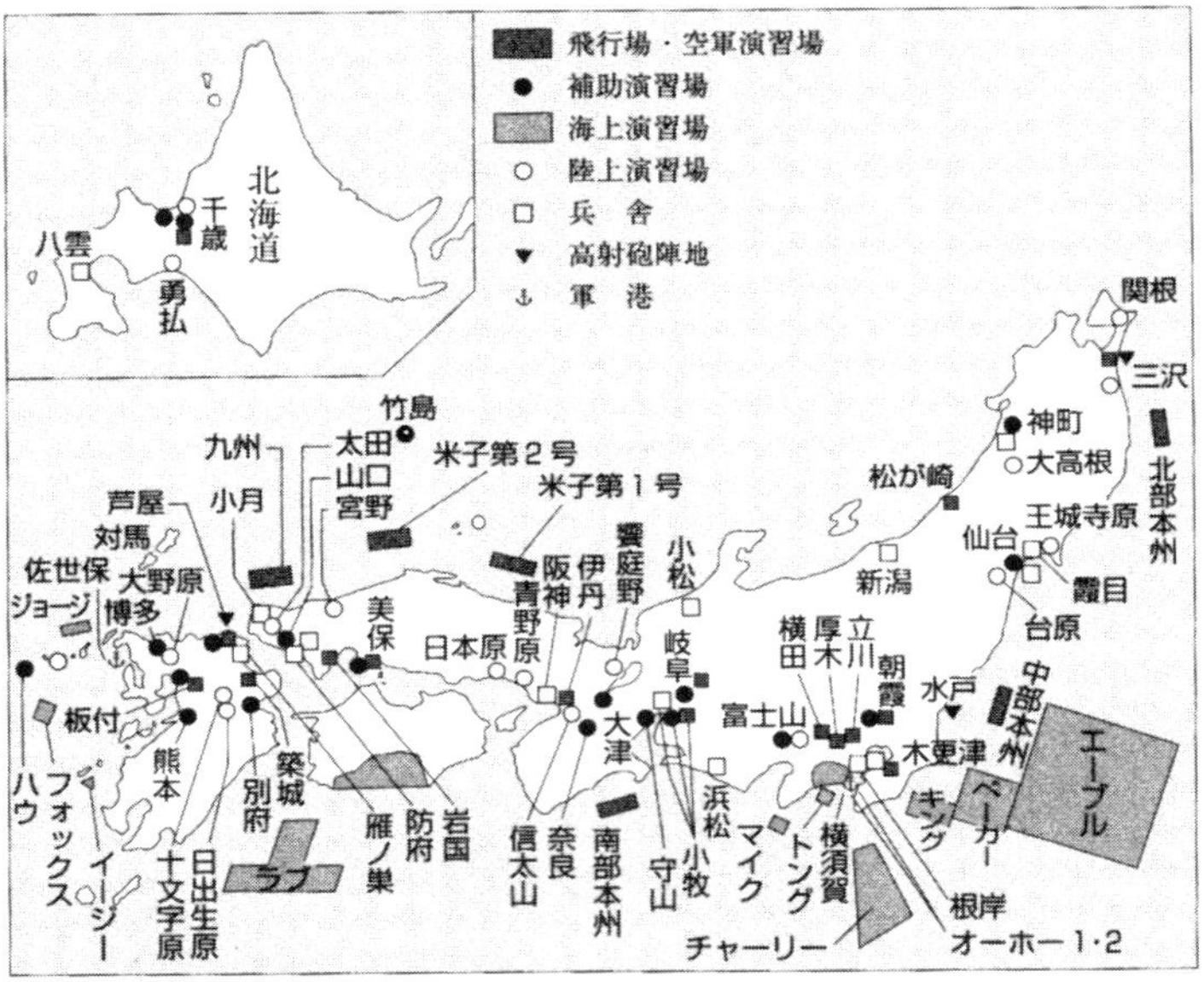

図1　『毎日年鑑 1953』による在日米軍の主要施設区域地図

備考：「日米行政協定」（1952年2月28日調印）では、アメリカ占領軍が使用中の「施設及び区域」（アメリカ軍基地）は、あらたな合意ができるまでは1952年4月28日のサンフランシスコ講和条約発効後も継続使用できるとし、駐留軍のそれは発効後に協議して決めるとされた。日米合同委員会で協議がおこなわれ、52年7月26日、「在日米軍に提供する施設、区域に関する協定」が調印され、明細は付表に一覧表として記載された。地図がなく、『毎日年鑑 1953』（毎日新聞社編、毎日新聞社、1952年）の地図化でようやく概要が把握できるようになったという

（出典：佐々木隆爾『新安保体制下の日米関係』〔日本史リブレット〕、山川出版社、2007年、8ページ）

文部省の混血児教育の方針

前章でみたように、文部省は『混血児指導記録』（国立教育政策研究所教育研究情報センター教育図書館所蔵）を刊行していた。一九五四年三月、五五年三月、五六年四月、五七年六月刊行の四冊である。それ以外は、敗戦後の最初の混血児たちが中学一年生になった五九年（一九六〇年刊行）の文部省『混血児指導資料』（国立国会図書館議会官庁資料室所蔵）だけで、これは前述の四冊に比べるとページ数も少なく、細かな指導内容を記していない。文部省初等中等教育局編『昭和二十九年三月　混血児指導記録　一』の「まえがき」によれば、文部省としては、混血児は「今後三年間はいくらかづつ増え、その後は減少の傾向をたどる」[7]という見通しを立てていて、ピークに達したと考える五六年の一年生をもって体系的な記録集の編集を終了させたと推察される。

その「まえがき」では、「現在のところ学校ではむしろ予想以上に問題なく、また無差別に取扱うという文部省の方針は現場で全面的に支持されていることがしだいに明らかになってきた」というのだが、その一方では、いじめや差別問題など将来的には「このままではすまないであろうということはすべての先生が心配されていて、なんらかの長期的な解決策が要望されている」[8]と認識していた。つまり文部省は、この記録集に掲載した実践が混血児をめぐる抑圧への対症療法にすぎないことは少なからず自覚していたのである。

ともあれ、記録集には現場教師の必死の努力が散見され、そこからは戦後の民主化教育の一端を確かに垣間見ることができる。たとえば文部省初等中等教育局編『昭和二十九年三月　混血児指導

記録 一』では、「上級生にいじめられて一時は「死にたい」とまで思ったが、学校の努力で元気になった」白人系男子Aの事例を紹介している。(9) 実母ではなく養父母に育てられているAに対して、入学後一週間ほどすると「あの子はアメリカ人だ、日本はアメリカに負けたのだ、にくいからいじめてやれ、等の声は勿論直接行動に訴えるような子も出てきた」という。結果として「お父さん、僕死んでしまいたい」と言って泣きだすようになり、通学途中にいじめられ「家へ逃げ帰ってしまう」事態も生じていたようだ。

これに対して担任教師は、「とにかく学校へでてきた日をよろこんで迎えてやり、少しでも意地悪なこどもの目から遠ざけてやろうと、数人の友人を誘い合い、おにごっこ、球あそびなどに楽しそうに遊ばしてやり、Aの家に同居している六年の一女生徒を中心に親切に世話をさせ、また学校としては校長先生のおさとしのお言葉をいただき、学校児童会に働きかけて、新入生をいたわりましょうの運動」を起こすなどして、いじめを解決したという。こうした全学的な対応が当時の文部省が考える混血児教育のひとつのモデルケースだったといえるだろう。次節では、白人系女子の事例を検討してみよう。

2 公立小学校での共学という平等主義——実母と教師に支えられて

朝鮮戦争による「慰安の町」化と貧困化

『昭和二十九年三月 混血児指導記録 一』では、「◎一名の混血児を取り扱った場合 一、比較的問題のあった例 （一）主として周囲の児童に問題のあった例」と題された共学実践を巻頭で紹介している。[10] この実践は、西日本と推察される地方の公立小学校の教師から寄せられた「N子」「白色系女子」の記録で、その地域の特徴を次のように記している。なお、同校にはN子の他に二人の混血児が入学し、バラバラの組に入れられていた。

> 終戦と同時に、町の周囲にあった旧日本軍兵舎の数か所へ、外国軍隊が駐留した。続いて朝鮮戦争に出席（マヽ）、帰還、と兵隊が出入りし、その慰安の町と化した。兵隊の移動につれて、兵隊の相手の女たちが流れ込みまた去り、昼夜の別なく道を行くこれらの兵隊と女の姿は、児童達はみなれている。

このように、この地域は朝鮮戦争を機に「慰安の町」となり、売春が子どもたちの眼前で日常化していたのである。そうした地域の公立小にN子は入学した。記録によれば、「保護者」の「実母」は「二十八才、終戦当時より外国兵相手の女となり、すぐに子を生み、現在なおその職業を替えていない」とされ、N子は「米兵との間に当地で生れた」という。

注意すべきは、N子と母の「経済状況」である。記録では「二十八年七月迄、父の仕送りが続き、その後途絶えた」と記されている。朝鮮休戦協定が調印されたのはまさに一九五三年（昭和二十八年）七月である。このように、日本「独立」後、朝鮮戦争の展開を機にアメリカ兵の父親と音信不通となる現地妻＝オンリーの事例は多く、日本社会が朝鮮特需に沸いて経済復興しつつあるときに、オンリーとその子どもたちは次第に貧しくなっていったのである。たとえば、宮城県のあるオンリーとその混血児は、占領期には「父の特権職業の保護」の下で「経済事情の苦しい日本人家庭の生活からみれば、まったくうらやまれる環境」にあったが、その子が四歳になった朝鮮戦争下の五二年ごろから、「父の転勤」によって「別居の余儀ない状態」となり、「文通も途絶えがちになって」、最後は「夫黒人との連絡がまったく途絶し、夫黒人が本国に帰還したかもわからずじまいとなり」、母は「キャバレー等に勤めるようになった」[11]という。

このように、混血児とその母の生活レベルは、日本の経済復興と反比例していく傾向が少なからずあったのである。さらに、澤田美喜の一九五三年の指摘によれば、五二年四月のサンフランシスコ条約発効による日本の「独立」以降、アメリカ軍は駐留し続けたとはいえ、その権力は占領期に比して弱まり、占領軍へのいわば箝口令も解除されると、混血児とその母たちは、日本社会の強い差別に直接的にさらされていったのである[12]。

現場教師の民主主義〈教育〉と学校当局の方針とのズレ

前述のN子とその母の場合、朝鮮戦争後も母が売春を続けることで何とか生計が保たれていて、記録によれば「母の収入によって多少の差はあっても、生活費は困っていない」程度にはなっていたという。それは母がN子に大きな愛情をもっていたからと推察される。「女子商業卒」の母は、N子の「教育には気を配って」いて、N子を「父のない子としてじゅうぶんかわいがって育てていて、将来においても、絶対手離さないと」言い、「入学式、保護者会、音楽会、運動会、遠足の朝など、必ず出席し」、「学校からの連絡にはまじめに反応を示している」と報告されている。一方、N子に対して担任教師は、身体的には「背が高く、金髪、白色、茶目で健康」、「性格は、すなおで明るく、話好き、世話好き」だが、「動作は緩慢、知能は低い方」とみている。ともあれ「他の児童と同じような、教師に対する尊敬と、依頼心と、すなおさをもち、よく言つけを守り、しかられた時はほんとうにすまないと言う態度」をみせ、「学級内で友達とよくとけ合っている」と評価している。

　このようにN子はおおむね他の児童と変わらない小学一年生だったが、入学早々いじめ問題が生じてきてしまう。その概要を担任教師は次のように記している。

◎入学後数日間N子は毎朝校門で私の出勤を待っていた。新入生には「うちの先生」が頼りなのであるが、N子は特に皆と遊べず私を待ったのである。「運動場へ行っていらっしゃい。」「いやや、大きい人がうちが鉄棒してたら「アメリカ、アメリカ」ていわはる。」◎学級の子が列に並ぶ時、「ぼく、アメリカとや。」と言ってN子と並んだ。◎二年生の男の子が、廊下を通りがけに「パンパン、パンパン」と、N子にあびせているのを見た。◎校庭に出ると、じろじろ眺められる。N子はまゆを寄せて、私にこう訴えるのである。「先生、うちな、何も悪いことしてへんのに、みんな「アメリカ、アメリカ。」って言わはんね……。」

ここで上級生などが使う「アメリカ」という言葉には、豊かさを象徴する大国への憧れと、自分たちを惨めにした旧敵国への憎しみとが入り交じっているはずであり、そうしたアンビバレントな感情が「パンパン」の子という蔑視と絡まり合うことで、混血児N子へのいじめが表出してきていると考えられるだろう。

その後、担任教師は校長に相談して全校職員に協力を求め、全校児童に対して「朝会の時、校長、教頭先生より、混血児にどうすべきかについて、訓話」をしてもらった一方で、クラスで「四月末、学級児童五十名」で「初めてN子について」話し合う学級会を開催した。その会では、まず教師が「N子ちゃんに、「アメリカ。」と言った人?」と問うたところ七人が手をあげた。次いで教師が「どうして、アメリカなの?」と聞くと、子どもが「色が白い」「目が茶色」「毛が赤い」「顔が、アメリカや」と答えたという。

これに対して教師は「そう、そんならあなたがた、お隣の人とにらめっこしてごらん、お友だちはどんな目をしてる?」と問い、子どもたちが「黒い」「こげ茶」「茶色」「大きい」「ほそい」「どんぐり目」と返した。教師はすかさず「皆、違うわね。N子ちゃんは茶色が少し薄いのよ。うすくてもかまわないわね」と言い、「ああ、そうやな」という子どもの反応に対して、男女数人を教壇にあげ、髪の毛の色が黒い順に並ばせている(図2)。そして毛の色をクラスのみんなに言わせ、その後「N子ちゃんだけが違うのじゃなくて、皆、違うでしょう」と説得したのである。このとき、ある女子が「ほんま、そうやね」「先生、そしたらね、N子ちゃんももっとおこぶ(昆布)を食べはったらよいねん」「そうやさかい、私きばって塩こぶ食べてる、だんだん黒くなってきたんや」

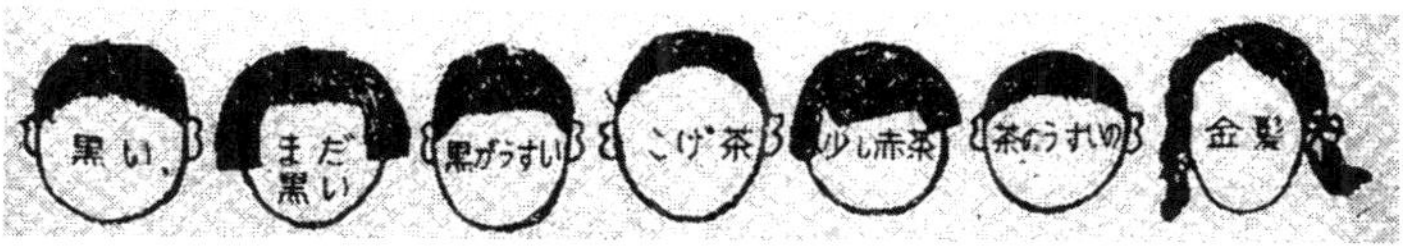

図2　子どもたちの髪色のグラデーション（N 子の担任作成）
（出典：「◎ 一名の混血児を取り扱った場合」、前掲『昭和二十九年三月 混血児指導記録 一』10ページ〔国立教育政策研究所教育研究情報センター教育図書館所蔵〕）

と意見を述べたという。

以上が学級会の概要だが、最後の昆布の話で「N子もそう思って」くれて、「私はほっとした」と教師は記している。小学一年生ならではのいじめ解決法といえるだろう。しかし、この教師は実践記録の最後に次のような苦悩も書き記していた。

> はたしてこの学級の児童たちが、姿形は違っても同じ人間であるという気持ちを〔今後も：引用者注〕持ち続けていけるかどうか、危ぶまれるのである。けれどもこれ以来、学級においてN子をどうこうという問題は、全然起らなくなった。（略）問題は母の生活である。パンパンの現役であると言うことなのだ。（略）「N子ちゃんのために、その生活を切り替えてください。」と言いたいが、母子の生活を保証《ママ》する能力を私は持たない。級友達や、N子は今はお互い無邪気で、何も知ってはいない。けれども、子供達の成長の近い将来に、N子の母の生活を知るであろう。その時、その時の指導が、今後に残された問題なのである。（略）人類の犯した罪によって、喜ばれざる誕生をしたN子と〔母は：引用者注〕、毎日々々お互いにいたわり合いながら暮らしてきた。（略）将来にぶつかるであろう大きな問題の解決に微力を尽くしたいと思う。

ここには、「アメリカ」いじめは早期に解決できたが、「微力」な自分や学校が「喜ばれざる誕生をしたN子」に対して、「パンパンの現役」を蔑視する社会で生きていくための知恵や勇気を与え、それを育んであげることができるだろうか、という教師の苦悩がみてとれる。もっとも、母やN子の「生活」を保障できない教師には、眼前のいじめ解決が精いっぱいであり、それに関していえば、学級会を通して民主的に問題を解決していった方法には戦後教育の可能性を垣間見ることができるだろう。第1章で触れた澤田美喜の実践にみられた、混血児の過去・現在・未来を見据えた教育を公立小で実践するのは至難の業だったことがわかる。

以上のように限界を自覚しながらも、N子へのいじめの対応に精力を注いだ担任教師に比して、学校当局は混血児に対して極めて場当たり的・形式主義的な教育方針しか持ち合わせていなかった。それは入学前の混血児把握の方法に顕著に表れていて、「どの子が混血児であるかは、姓名が日本名なので判定がつかない」ので、「入学児を、前年度末に集めて、反応検査やBCG接種をさせるので、その時、係が容姿を見て名簿に印」を付けるという、極めて消極的な把握方法だったのである。N子の母が売春を続けていること、とはいえそれが生活のためであり、母がN子に大きな愛情を注ぎ込んでいたこと、そうした諸事情を発見してN子を思いやったのは、学校当局ではなく、あくまで現場の一担任教師にすぎなかったのである。

形式的平等主義の陥穽

右でみた白人系女子N子に関する教育実践記録には、N子への上級たちの態度・認識に関する表「N子と他の上学年の児童との関係調査の結果（調査人員三〇〇人）」が付されている（表7）。ここで注目したいのは、「かわいいから」などの理由でN子のことが「好き」という上級生が中学年で二七％、高学年で二九％いたことである。そのような白人系混血児への憧れとでもいうべき傾向は、一方で、黒人系混血児への蔑視を助長していたと考えられる。

一方、N子を嫌う理由に彼女の生活状態をあげているのは、貧困・格差の下の生活、すなわち母の売春で生計が成り立っている日常が上級生には可視化されていることを物語っている。他方、表中にみられる、混血児は「同じ人間だから」友達になるし、共学でいいという子どもは、戦後の民主化教育の優等生といえる。とはいえ、その大義名分をどこまで内面化しているかは不明である。

なによりも、この調査が白人系の「かわいい」N子をめぐるものであることに留意しなければならないだろう。そのような混血児間の白人／黒人の序列構造については文部省も自覚していたので、『わが国の教育の現状　昭和二十八年度』の「混血児について」[13]と題された項では次のような認識を述べていた。「黒色系の混血児が白色系に比して冷い眼で見られる率がやや多いのは目立つ」が、「憲法第十四条にも、すべて日本人は法のもとに平等であって人種その他によって差別されないとされて」いて、「社会全体の暖い眼が何よりも必要であ」り、「環境との摩擦によって就学率が低下したり、長欠児童が出たりすることのないように」するためには、「混血児も日本人なのである」から「あまり騒ぎたてずにそのままそっとしておくのが最良」の方法ではないか。このように文部省は、黒人系蔑視の風潮を自覚している。しかし同省は、そうした白人／黒人の序列をはらむ混血

表7　N 子と他の上学年の児童との関係調査の結果（調査人員300人）

問	答			答の理由や考察
		中学年	高学年	
1、混血児が１年にいるのを知つていますか	①知つている ②知らない	77% 23%	97% 3%	②本校の学童は1700名の多数なので、気のつかない者もある。
2、混血児は何所の国の子供だと思いますか	①アメリカ ②外国 ③日本 ④アメリカと日本 ⑤父親の国 ⑥わからない	61% 2% 20% 6% 0 11%	60% 4% 16% 15% 1% 4%	①駐留軍は、今はアメリカ軍のみなので、アメリカと思う者が多い。年長の児童程混血児のおいたちをよく知つているので、国籍の如何を考えず、外国人だと思つている。日本の家で日本の国籍があれば、日本人であることを認めさせねばならない。
3、混血児はあなた方と同じですか、ちがいますか	①同じ ②違う ③わからない	18% 82%	30% 65% 5%	①同じ人間だから、同じこどもだからと言う。 ②父が外国人だからと、ほとんどは容姿の点で決めている。
4、混血児は好きですか、きらいですか	①好き ②きらい ③好きでもきらいでもない ④わからない	27% 49% 12% 8%	29% 22% 34% 15%	①かわいそうだから。同じこどもだから、かわいいからの理由。 ②容姿がちがう、よい気がしないという排他的な気持と混血児の生活が問題となる。 ③こどもにつみがない。
5、混血児をいじめたり、悪口を言つたり、またほかの人からされているのをみましたか（この解答は二重になることもある、１と２、２と３とか）	①いじめたり、悪口を言つた ②いじめたことはない ③いじめられているのを見た ④見たこともない	11% 33% 14% 42%	9% 58% 40% 38%	①石を投げた、仲間はずれにした、「あいの子」と言つた、これは学校にいる混血児に対してではない。 ③悪口を言われていた、仲間はずれにされていた、「あいの子」と言われていた。
6、混血児にはどうしたらよいかということを家人や先生から聞いたり注意を受けたりしましたか、その後はどうしましたか	①聞いた ②聞きません ③その後	66% 34%	77% 23%	②直接学級でいっしょに生活しているのではないから無関心なのであろう。 ③いじめたり悪口を言わないことにした。いじめている子に注意してあげた。いっしょに遊んだ。
7、自分の組や家の近所に混血児が居たら、あなたはお友だちになりますか、なりませんか	①なります ②なりません ③わからない	56% 44%	68% 21% 11%	①かわいそうだから。同じ人間だから。 ②アメリカだから。わるいことをするから。
8、混血児はあなた方と同じ学校に入れたがよいか、特別の学校に入れた方がよいかどうですか	①私達と一緒でよい ②別の学校がよい ③どちらでもよい ④わからない	51% 49%	57% 38% 4% 1%	①かわいそうだから、人間は同じだからかまわない。同じことをしているのだから。 ②外国人だから、「あいの子」と言つていじめられるとかわいそうだから、日本は子供が多過ぎるから。
混血児の立場は、同情的に好意が寄せられているのと、正しい判断で理解しているのとがあり、半面その容姿と生活状態で排されている。N 子だけに対する気持ちや態度でなく、校下に居る混血児全部への答えをしているので、学校内で友好関係で心配される問題はない。				

（出典：前掲「◎　一名の混血児を取り扱った場合」18－19ページから作成。下線は引用者〔国立教育政策研究所教育研究情報センター教育図書館所蔵〕）

児たちの教育について具体的な方策をもっておらず、憲法の正統性の下、結局はみんな同じ日本人なのだから無「差別」、「平等」に放任しておくほうがいいという、責任放棄ともいうべき教育方針をとっていたのである。

したがって文部省は、敗戦後の最初の混血児たちが中学一年生になった一九五九年に至っても、混血児たちの未来、すなわち「将来の職業生活」に関しては「なるべく早く見通しをたて」るべきという、形式的な提言を述べるにとどまっていた(14)。

前述のとおり、澤田美喜は子どもたちが低学年の段階で、「将来の職業生活」をめぐって、ダルトン・プラン式の人格主義の教育によって、単一ではなく複数の文化に由来する感性や能力を伸長させ、日本や世界で活躍できる社会人に育てあげる道を基軸に、別の選択肢としてブラジルへの農業移民という道まで準備していたのだが、それに比べると平等主義の文部省は、十分な対応がとれていなかったといえるだろう。

3　公立小学校の苦悩と教師たちの試み——制度内での改革と日本人への同化

混血児たちにとって公立小学校という現場がいじめを受ける場であることは、これまで繰り返し述べてきた。しかしその一方で、学校現場が混血児自身にとっては多かれ少なかれ将来への希望を育んでいく場でもあった点を忘れてはならないだろう。ここでは、前掲の文部省初等中等教育局編

『混血児指導記録』四年分から、ある黒人系の混血児を入学させた公立小学校の四年間の教育実践を取り上げ、教師たちがその子をめぐる諸問題にどう対応しその子がどう変わったのかを跡づけて、戦後の民主化教育の意義と限界について考えてみたい。

一年生の記録

『昭和二十九年三月　混血児指導記録　一』では、「◎一名の混血児を取り扱った場合」「一、比較的問題のあった例」「(二)　主として本人の性格に問題があった例」として、九州地方と推察される公立小学校の黒人系男子一年生「S」の事例を紹介している。(15)

記録では、冒頭でSについて「乱暴で落ち着きがなく、知能も低いが、一面純情で、教師と養父母のたゆまない愛情で成績も次第に向上している」と概要を述べたうえで、彼の家族に関する諸データを示している。それによれば、保護者は養父母だが、実父は「黒系アメリカ兵」で「ハワイの人らしいとのこと」、しかし「どこにどうしているのかまったくわからない」し、Sのことも「認知していない」という。また実母は「純粋のパンパンではないが、これに類する町の女」で「現在は他家にとついでいる」とされている。

一方、養父は「高小卒、四十三歳」の「人間味のあるやさしい人」で、Sを非常に愛してい」て、「大工として市井に働く」人物であると紹介している。養母は「旧制高女卒、四十二歳」で「PTAの学級委員」をするなど「明朗な積極性のある人」とされ、「Sを非常に愛し、りっぱな子に育てるといって、頭脳のよくないSを相手に、うまずたゆまず家庭学習を指導し、愛育している」という。このように、Sは養父母に恵まれていて、温かな家庭環境で育っていたことがわかる。ただ、ここで留意しておきたいのは「養子縁組までのいきさつ」である。この記録には、意外な経緯が次のように記されている。

養父母には子がなかった。養父は昭和二十一年復員軍人として帰宅した。敗戦の苦しみを忘れ得ず、もんもんとして楽しまなかった。この様子を見た妻は、せめて私にこどもでもあったら、夫もいくぶんまぎれるのであろうと考えた。たまたまある産婆のすすめで、妊娠している某女の出産を待って、其の子をもらい受ける事にした。Sは生まれた。ただちに養父母に渡された。最初は色はあまり黒くなかったので、気づかなかった。幾日か経る程に黒系混血児である事が分かったので、生母に返そうとしたが、どうしても受け取らない。そのうちSに対する愛情がついて、返すということが、かわいそうになったので、そのまま育てる事にした。親戚の反対もかなりあったが、育てることに決めた。

この例のように、黒人系混血児の場合、母親が手放してしまうケースが多かったことが推察される。記録からみるに、逆に白人系は前節でみたように実母が育てるケースが比較的多かったと思われる。養父母も見つからず捨てられてしまった子は、エリザベスサンダースホームなどの児童養護施設に入所することになる。当初、Sの養父母も黒人の子は育てられないと思っていたが、次第に愛情が強まって育てることを決心したようである。

この記録を記したSの担任教師は五十二歳「経験年数二九年」のベテラン教師で、彼の分析では「Sに対して近所の人が白眼視するようなことはな」く、全校学級数二十五組、児童数千二百八十六人、一年生の学級数五組という比較的大きな学校なので全員に確認したわけではないが、他の子どもたちも「Sが混血児だからといって白眼視するような態度はない」と断言している。教師がそう判断するのは、職人として堅実に働く、またＰＴＡの委員を担うなど、養父母が地域で一定程度尊敬されるような人物だったからと思われる。ここには、前節でみた売春を続ける実母に育てられていたN子のケースとの違いがうかがえる。

では具体的に、Sの「学校及び学級における状況」を「生活指導記録」からみてみよう。以下、担任教師の日誌からの抜粋である。

・四月六日
入学式。第一日目から乱暴を働いた。他児を押したり引っぱったりしている。他の教師たちにも眼について、「Sはたいしたものだ。」とささやいていた。母親が最後まで残って、「Sが特殊な子なので、いじめられはしないかと案ずる。それに特別に乱暴な子だからよろしく頼む。」と幾重にも依頼して帰った。私は第一日目だったのでSにも多くを言わず、「学校の生徒さんになったんだから、おりこうさんになりましょうね。」といった。

・四月八日
教室内の席次を定めた。Sと並ぼうとした女の児が、Sの異ぼうに恐れたのか、泣き出しそうになったので、他へ席をかえた。

・四月十一日

始業前に竹のむちを持って、近隣の学級の子供をたたいて廻った。私が呼んで其の行為を反省させたら、「すみません。もうしません。」とすなおにあやまる。言い聞かせればすなおに受け入れてくれる。

・四月二十四日

駆足をした。級中一である。Sはうちょうてんによろこんでいる。「Sさんはとても早いのね。」とほめたら黒い顔に白い歯を表わし、満面に笑をたたえた。

・八月九日

私がSの家の附近を通っていたらどこからか、「先生、先生。」と言ってとんで来た。ちじれた頭髪をなでてやったら、うれしそうについてきた。

・十月十五日

最近特に家庭学習がよく行われている。三日程前、「Sさんはこの頃とてもお勉強するから、算数でも国語でも、おじょうずになってきました。先生うれしいよ。」とほめた。今日は算数五ページ国語三ページの学習の記録がある。しかも一々家庭の指導の跡が見られる。それだけに算数・国語の学習成績が上達した。

・十月三十日

Sが麻しんで連欠六日目。見舞に行った。母が枕辺で看病していた。黒い顔が熱で赤銅色になって眼と歯が眼につく。私が行ったらSはうれしげに、「先生。先生。」と連呼した。手を握ってやったら、Sもしっかりと握った。母親は、「よそのかたが見えれば、『うるさい。帰れ。帰れ。』と怒号するのに先生がいらしたら、こんなにもうれしいのでしょうね。」と涙ぐんでいた。

・十一月十二日

算数の特別指導（個人指導）をした。前数回やった時よりずっと興味を持ってこれに臨んだ。学習の態度も生き生きとなってきた。理解も早くなった。

・十二月七日

給食を配ってやれば「ありがとう。」と簡明に一々礼を述べる。ほめて他児の範とした。

・一月十一日

休み時間に私はSとよく話す。今日Sはお正月の事ども、ぽつりぽつりと話した。Sは幼少の頃よりもだんだん色が黒くなっていくのを私は感ずる。Sの将来の事を考えると一まつの不安を禁じ得ない。私は今日、いつまでもSを導いてやりたい気持でいっぱいになった。

以上のように、入学当初からSは担任以外の教師からも特別視されていたようであり、乱暴な面はあるが素直であり、自分をほめてくれる担任教師に大きな信頼を寄せ、学習も自ら進んでするようになっていったことがわかる。クラスメートの女子が見慣れない黒人の風貌にびっくりしてしまう一コマはあったが、それ以外に大きな問題もなく、Sは喜んで学校に通っている。一方、担任も、黒人に対する差別的見方はあるものの、Sを信頼するようになり、愛情を抱くようになっている様子がうかがえる。

実のところ、Sについては入学前に校長と養父が懇談し、教育方針に関して一定の合意が形成されていたのだった。養父が校長宅を訪問し、「Sを学校としてはどんな」方針で「取り扱われますか」と尋ねると、校長は「普通の子供と同様の取扱をすること、もし特殊の事態が生じた時は貴殿とひざを交えて協議しよう」と返答し、とにかく「安心して就学」してほしいと話している。これに対して、養父は「眼に涙さえ浮べ、喜んで帰った」という。

こうした背景もあって、五月二十一日の家庭訪問の際には、養母が「先生のおかげでSは上級生からいじめられることもなく、ほんとにうれしそうに通学しています」という謝意を述べるほど、教師と保護者の間で信頼関係が構築されていた。担任教師は、この指導記録集の「むすび」の部分で次のような気持ちを吐露している。

> 恵まれない素質を受けているが、恵まれた環境に育っているので、だんだん良い子になっていく。養父母の愛情は、単に育ての親としての愛のみでなく、黒系混血児としてのふびんさが加わり、なんとかしてSに劣等感を抱かせないようにと心がけている。もしSがもっと悪条件の環境に育ったとしたら、どんな子になっただろうと思うと、背筋に寒さを感ずる。しかしSはまだ黒系混血児だということを知らないので幸福であるが、将来の事を考えるとき、一まつの不安を覚える。私はできれば、将来ともあるつながりを持ってSを導いてやりたい気持でいっぱいである。

前述のとおり、素直に「うれしそうに通学」するSにとって学校は少なからず希望の場所だったのだが、担任は、Sが素直なのは養父母の愛情のおかげなので、仮に愛情がない養父母に育てられていた場合にはお手上げだっただろうと推測している。

もっとも、担任教師はSに対して、その乱暴さや芳しくはない成績などを「恵まれない素質」と見なしてしまっていて、そこには、当時の良心的な教師でさえ人種神話に陥っていた時代性がうかがえる。とはいえ、同様の傾向は澤田美喜にもあり、それは科学的知識が十分に普及していない時代ゆえの、知らないことによる偏見と考えていいだろう。担任教師は、将来Sが黒人であることを自覚したときにどうなってしまうのかという不安を感じながらも、可能なかぎり将来の面倒もみてやりたいと思っているようであり、そうした気概は、民主化教育を推進する教師としての矜持といっていいだろう。おそらくそのような教師の熱意をSは感じ取っていたからこそ、担任教師に大きな信頼を寄せていたといえる。

二年生の記録

『昭和三十年三月 混血児指導記録 二』の「第一部 二年生の記録」では、同じ黒人系男子二年生Sの事例を「(二) 片寄った性格がさらに目だってきた例」として紹介している。[16]

記録は冒頭で、「すなおな面もあるが、乱暴で成績もさがり、しだいに孤立しつつある」と述べ、以下、Sの学級生活の様子などを報告している。まず注目したいのは、担任教師が、前節でみた

「経験年数二九年」のベテラン教師から「経験年数一年（二十二才）」の新任教師に代わったことである。Ｓにとっては一年生のときの担任が継続してくれたほうがよかったと思われるが、これも混血児だからといって特別扱いしないという学校側の方針の表れといえるだろう。

　新任二年目のこの若い教師は、「日本人の乱暴なこどもでも気をつかい心配なのに、混血児でありまた、「乱暴な子であるため注意をするように。」と聞いて、どうしようか私にはとても出来そうにもないと毎日が心配でならず、Ｓから目をはなすことがおそろしくて、Ｓの顔が夢に出て来るくらいに頭をいためていた」と告白している。いささか頼りなさそうにみえるが、ともあれ、この担任教師はＳと接していくうちに「普通の児童とあまり変ったことなどな」い点に気づき、「また級友がとても仲よく遊んでくれて差別をしないため、Ｓも全然ひがみがなく、とても明朗で学校を好みほとんど欠席せず通学して」くれているので「安心」したようであり、「これも一年生の時にＳの友達をつくるために苦労して、担任なされた先生のご苦労だと感謝している」と述べるなど、Ｓと積極的に関わっていくことになる。

　では具体的に、Ｓをめぐる「学級生活」を二年生の担任教師の日誌からみてみよう。以下はその抜粋である。担任によれば、当初は「Ｓが混血だからといって差別するようなことはほとんど見受けられなかったが、最近は黒色が増して来たため」に、他の子どもたちが「時折悪口をもらすことがあるので心配している」のだという。

・六月一日

清潔検査をした時の事である。保健衛生上清潔であることのたいせつさを話し合っていると「先生Sさんはいつでも顔や手足を洗ってないね。」とこどもの見たまま思ったままを発表するのでどきんとした。こんな場合なんと説明すればよいのやらとっさの思いつきで「皆の顔は同じ色ですか。」「いいえ青い人や、赤い人や、黒い人がいます。」と、熱心に見くらべっこをしている。「そうでしょう、だからSさんもみなさんと同じように色が少し黒いというだけですね。」と、説明してはおいたがなっとくせぬ児童も何人かあったろうと思う。

・六月五日

米軍軍楽隊が来校し、行進及び軍楽を児童たちは喜んで熱心に見ていたが、Sを見ながら「ほら見てんろ、Sさんに似とらすぞ。」と、一名の黒人を見逃さずにSに合図をしているので、困った人が来たものだとうらみたくなった。すぐ横にいた三、四年の生徒までが「黒ん坊のひとりおるやっか（おるじゃないか）Sさんにそっくりね。」と大きな声でいう。Sに聞えることをひたすらおそれていたが、なんと、Sはきょとんとしてなんら関係ない顔つきでにやにや笑いながら、一心に軍楽隊から目をはなさない。他の児童は、私がにらみつけるのをおそれてびっくりし、あとは何事もなく終った。このような時、ほんとうの事でありまたこどもは正直だから何をいい出すかわからない。ところがSはまだ、混血児であることを意識していないようである。

・十一月二十七日

教室でノートの検査をしていると「先生、Sたちのけんかしようらすよ。」と女生徒がつげに来た。すぐ教室へ呼んでたずねた。皆黙々として語らない。「先生に正直にお話できない人は、よっぽど悪い事をしたんでしょうね。」するとSが、「皆でぼくに黒アメ一本十円っていいって逃げてまわらすので、追っかけて行きました。」と、目には涙が光っている。（当地では米兵のことを、アメチャンという。）ただ、黒アメという一口がどんなにかSはつらかったのだろう。「Sさんなぜ、追っかけずに先生にいいにこなかったんですか。」「でもぼく、くやしかったもん。」Yが「先生、ぼくも黒アメといいましたが、だれかがいったのでまねをしたんです。」とけろりとして答えるので「もしねあなたたちが皆から悪口をいわれたらどうですか。」「くやしいです。」「だったらなぜ、Sさんをいじめるのですか、今までせっかく皆仲よくしてけんかなどせずSさんも喜んで学校に来てたのに、Sさんをいじめたら Sさんは学校に来れなくなるでしょう。そしたらSさんひとりで遊んでまた勉強も出来なくなるでしょう。お勉強しない子は良い子ですか。」「悪い子です。」「悪い子でしょう。だからSさんは、良い子になろうと思っていっしょうけんめいお勉強して、皆と仲よく遊び、元気に運動をして、お家ん、お母さんのいいつけをよく守ってがんばってるんですよ。」「S君ごめんね。」とひとりが言うと、皆「S君ごめんね、ごめんね。」とこの時だけは一心にあやまっている様子である。これからは、けんかをしない約束をし、指きりをして去って行った。その後は何事もなく、ある時は他人のけんかをとめてほめられたことなど幾度かあった。

このように、六月時点ではクラスメートや上級生から「顔や手を洗っていない」「黒ん坊」などと言われても、Sは自分が混血児であるという自覚にはつながらなかったようである。しかし十一月になると「黒アメ」という罵倒に涙するなど、黒人系混血児としての自覚が少なからず生じてきたと思われる。担任教師はこうした状況に根本的な解決策はとれずにいたが、もし自分が悪口を言われたらどうかと他の子どもたちに問うことで何とか和解にこぎつけた。消極的な解決策といえるだろうが、小学二年生では妥当だったとも考えられる。

　その後、担任教師は「S自身が全体から漸次はなれて行きつつある。自己を意識してきたので、だんだんと考えが変って行っているのではないかと思う」と状況を判断している。そのためにか、

表8　黒人系男子Sの第2学年1・2学期の成績

二年一・二学期学業成績

教科	内容	一 非常によい	一 よい	一 普通	一 あまりよくない	一 よくない	二 非常によい	二 よい	二 普通	二 あまりよくない	二 よくない
国語	聞く			○					○		
	話す			○					○		
	読む			○					○		
	書く			○						○	
	作る				○						○
社会	理解			○						○	
	態度			○						○	
	技能			○							○
算数	理解			○					○		
	態度			○					○		
	技能				○					○	
理科	理解				○					○	
	態度			○							
	技能				○					○	
音楽	鑑賞			○						○	
	表現			○						○	
	理解			○							○
図工	鑑賞				○						○
	表現			○							○
	理解				○					○	
体育	理解			○						○	
	態度				○						○
	技能		○								○
	習慣			○						○	

（出典：「（二）片寄った性格がさらに目だってきた例」、文部省初等中等教育局編『昭和三十年三月 混血児指導記録 二』文部省初等中等教育局、31ページ〔国立教育政策研究所教育研究情報センター教育図書館所蔵〕）

Sは学業も「不振になりつつあって成績がしだいに落ちている」という（表8を参照）。そして担任教師は、この指導記録の最後で次のような思いを述べている。

> 何時の間にか次第に、混血児であることを意識しているようすなのでいろいろと問題が起り、私は、相手が小さいのを幸にあれこれとなだめすかして、おし切った形で解決して来ているが、いつまでも同じ行動でなきため、また考える力が伸び、環境の変化によって生活が異り、思想が高まり、最後には思いつめる時が来るに違いない。どうか現在のままでいつまでもすなおな気持であって欲しいと念願する次第である。

混血児であることをおぼろげながら意識しだしたSを、いまは幼いので何とかなだめることができているが、近い将来にはそうもいかなくなることを、教師も強く自覚している。しかし自分にはどうすることもできないので、とにかく素直に育ってほしいと念願することしかできないと心情を吐露している。

三・四年生の記録

『昭和三十一年四月 混血児指導記録 三』の「第一部 三年生の記録」では、同じ黒人系男子三年生Sの事例を「乱暴であり根気がなく、なるべく落着きのある指導をしたい」ケースとして紹介している。[17] 担任教師はまた代わり、今度は二十五歳「経験年数五年」の教員である。

その教育方針は、「1 明るいすなおな性格に育てる」「2 混血児というような他にめだつような教育はさけ、特別あつかいしないようにする」「3 どんな困難にもうちかつ心、正しい道を行く正義感の強い持主となるように指導する」であり、おおむねこれまでの担任の方針を踏襲していた。ただ、留意すべきは、教師がSの黒人らしい風貌に関して半ば諦めにも似た感情を抱きだしている点である。次に挙げたのはSの「生活記録」の一部である。

・十一月八日

家庭訪問をした。ちょうどわたしが行くことがわかっていたので、養父も、養母も仕事をやめて待ってくれていたらしかった。雑談の中で「あの子の髪の毛はうちで切るのですが、すこしでものびると早く切ってと気にするのですよ」と養父の話であった。かわいそうにチルチルとした毛は実に困ったものだった。もう一つこんな話もされた。「とうちゃん、ぼくはどうしてこんなに黒いのやろ、とうちゃんもかあちゃんも白いのにね」と言ったので「とうちゃんも小さい時は黒かった」と言いましたと話された。私は胸に一まつの寂しさを感じた。養父の言ったことは一時しのぎなのだ。毎日成長する子どもに、ほんとうにこの子が大きくなったら、どう思うだろうと思うと悲しくなった。肌の色が違うばかりに一生解決できぬ悩みで苦しむであろうと思うと乱暴もののSが、たまらなくかわいそうだ。

このように、黒人系の混血児であることを「一生解決できぬ悩み」と教師が否定的に認識してしまっている。そしてこの担任教師は、次のような指導方針を記録の最後で述べている。

> 本人が明るくすなおなので悪口を言われても、けんかしても、すぐなおってけろりと忘れてしまうので、指導にはたいへんたすかる。病気以外は欠席もなく遅刻もない。教師の云うこともすなおに聞くが、同じあやまちを幾度も繰り返すので、そのつど自分の非行を反省させるようにしている。他の児童とに平等に扱っているが、心理状態には細心の注意をはらい、よい行いをした時は、どんな小さなことでもほめるようにしている。授業中落ち着きがなく近くの子どもとけんかするので座席にも気をくばっている。（略）行手をふさぐさまざまの障壁を一つ一つ破るだけのSの心を養ってやりたい気持と、世の中の人たちの深い理解を願ってやまない。

他の子どもたちと「平等」に扱い「心理状態には細心の注意をはら」うなど、教師としての熱意はみられるが、先にみたように混血児であることを「一生解決できぬ悩み」と認識してしまっているこの教師は、結局はSの強い心持ちと「世の中の人たちの深い理解」を待つという受け身の解決策へと導かれてしまっている。ここには、学校や社会での偏見や蔑視が変わらない前提としてあり、それを一生の「障壁」としてしまう危うさがうかがえる。

こうした傾向は、四年生の指導でさらに強まっていく。『昭和三十二年六月　混血児指導記録四』の「第一部　四年生の記録」では、同じ黒人系男子四年生Sの事例を紹介しているが[18]、この記録は冒頭で、Sは「ちゃめで」そんな彼を「級友はかばう様子はあるが」、S自身が「何か自分が違っているという寂しさがあるようだ」と書き記している。

担任はまた代わり、今度は以前に「一度白人系の混血児を受け持ったことがある」教師だった。この教師は、「六年生を担任し卒業させたあとの新学年担任が四年生と決まった時、Sの組ではないかという予感がしたが、はたしてそのとおりだった」と述べ、さらに、白人系の混血児を担任したときは「別になんのこだわりもなかった」が「黒人系は目だち方があまりにもはっきりするので少々こだわってしまった」と吐露している。そして担任教師は、記録の総括部分で「Sとともにあって」と題して次のような見解を表明している。

自分が他の児童と異なっていることの自覚はじゅうぶんあるように思える。いつもけろりと前のことは忘れているように見えてもひとりでブランコにのったり、漫画本を読んでいる姿を見ると寂しそうだなあと哀れを感じさせる。はただの色さえ同じだったらこうまでならないだろうと……かれは黒人系の混血でまったく黒人である。さらに黒くなるばかりである。（略）今後かれの前には幾多の苦しみや障壁〔があらわれると思われるので、それら：引用者注〕を次々と打ち破る勇気と力を、Sの心の奥深く養うとともに、世の中の人たちの深い思いやりや愛情を望んでやまない。

以前に白人系混血児を担任した経験が、かえってこの教師に黒人系のSに対して「哀れ」みの感情を抱かせてしまっているといえるだろう。そのような教師がいう「世の中の人たちの深い思いやりやりや愛情を望んでやまない」という言葉には、言葉どおり（額面どおり）の期待感はうかがえない。「幾多の苦しみや障壁」が当然視されていて、結局Ｓは自助努力で「勇気と力」を養い抑圧を乗り越えるしかないということになる。ここには、学友とともに苦難を乗り越えるという発想はない。異質なものの連帯の道が開かれないとき、一方的な同化への自助努力への要求が発動してしまう危うさがある。

4　同化を超えた連帯を目指して——優生という排除の論理に抗いながら

民主化運動の裂け目に存在した混血児

右でみたように、公立小の現場教師たちは学級会などを通して民主的に混血児をめぐるいじめを解決するなど、教室で戦後の民主化教育をしっかりと実践していた。その意味で、学校は混血児にとって少なくとも低学年までは希望の場所であり続けた。

しかし、三・四年生になってくると現場教師は混血児であることを抗えない障壁であると捉えがちになり、最終的な問題解決を混血児自身の自助努力に求めてしまう。そこには、学校や社会での差別や抑圧を是認こそはしないが、それを仕方がないものとしてしまう消極性があり、その場合の教育方法は、混血児が学友やその他の人間と連帯＝協働する方向には向けられていなかった。

こうした傾向は、第１章の「はじめに」で触れた、戦後の「市民的女性運動」が混血児の母など

写真11　高崎節子『混血児』（同光社磯部書房、1952年）の表紙（出典：神奈川県立図書館所蔵）

売春女性を「醜業婦」と見なし、彼女たちを巻き込んだ社会的連帯には向かわなかったという状況と、民主化運動（民主化教育）の裂け目となったという意味で符合しているだろう。

結果としては、学校現場が形式的平等主義に陥り、混血児をめぐる差別はその場その場では教師のてこ入れの下で一時的に和らぐものの、実態としてはすぐにまた子ども間で不平等の感覚が再生産されてしまっていたといえる。

右のような売春女性や混血児をめぐる民主化運動（民主化教育）の裂け目について、第1章第1節の「優生保護法」で取り上げた労働省婦人少年局神奈川県婦人少年室主任の高崎節子は、本としては戦後初の混血児ルポルタージュとなる『混血児』（写真11）で、横浜のある銭湯での口論を紹介しながら次のように示唆していた。[19]

突然、がらりと戸が開いて、薄墨色の赤ん坊を抱いた女と、これも薄墨色の二つ位の女の子の手を引いた女が続いてはいつて来た。裸ん坊の黒い混血児をこのように近くみたのは生れて始め《（ママ）》てなので、私は思わず見つめてしまつた。先客のパンパン達は一寸一瞥しただけであとは全く無関心でせつせと香り高い石鹸の泡をたてゝはしやべり合つていたが、二人の老婆は、早速目を見合せて頷き合い、まじ〳〵と二人の黒い混血児を見ては、その母親の頭の先から爪先までをつく〳〵と眺めまわすのである。好奇と侮蔑と不潔感の入り交った三角のような日本の姑の目である。それが露骨にくり返されるのである。

とう〳〵混血児の母親が怒鳴り出した。

「何だい、じろ〳〵。みせものじやあるまいし、子供に何の変りがあるんだよオ」

「民主主義もしらねえのかよオ。人間はみんなおんなじなんだよオ」

と怒鳴った。

戦後民主主義の旗印を掲げた女性運動も学校教育も、ここで「民主主義もしらねえのかよオ。人間はみんなおんなじなんだよオ」と訴える混血児の母と他の女性たちとの連帯や、混血児と日本人の子たちとの連帯をうまく構築できなかったところに、ひとつの限界があったといえないだろうか。まさにそれは、戦後の民主化運動（民主化教育）のひとつの大きな裂け目となっていた。こうして混血児の母もその子も、結局は自助努力で何とか生き抜くしかない状況に追い込まれていくことになる。

社会的連帯の萌芽

写真12は、横浜（東神奈川）から国鉄横浜線で二十三キロほどの町田市域の原町田の様子を写している。これは敗戦後の小田急線新原町田駅前（現在の小田急線町田駅前）の一コマであり、よくみ

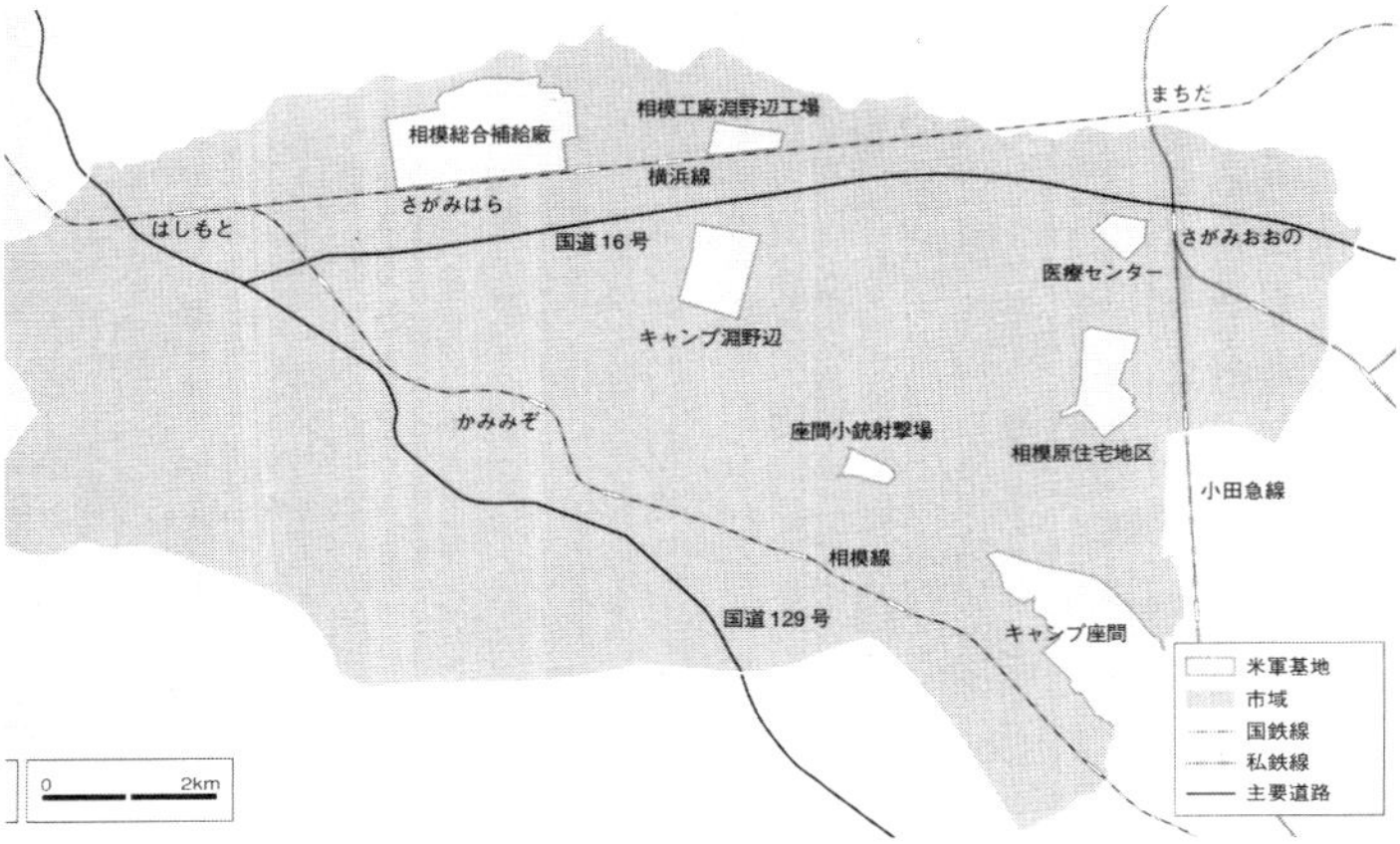

図3　1950年代の相模原アメリカ軍基地分布図
備考：旧陸軍施設を接収したアメリカ軍基地は市街地や駅付近に位置していた
（出典：相模原市総務部総務課市史編さん室編『相模原市史 現代図録編』相模原市総務部総務課市史編さん室、2004年、75ページ）

ると左方に占領軍兵士と日本人女性が写り込んでいる。町田市域の繁華街は、図3のとおり隣接する相模原アメリカ軍基地のアメリカ兵が遊びにくる場所となっていて、町田で売春女性と関係をもったアメリカ兵の「性病接触者報告書」なども残存している。[20] そこには、一九五〇年十一月、原町田在住で相模原のアメリカ陸軍医療センター（写真13）に勤務するアメリカ兵Chita（二十歳）が淋病に感染したこと、相手の日本女性が十八歳で「GIビアホール」によく出入りし、赤いセーターを着用してさまざまな色のチェック柄のスカートをはいていること、女性の身長が「約四フィート一〇」で体重が「約一〇五ポンド」であることが記されている。朝鮮戦争の最中に医療センター勤務のアメリカ兵が性病に感染したわけである。

実際に写真の新原町田駅近くには、売春女

写真2　占領期の小田急線新原町田駅（現在の小田急線町田駅）周辺
（出典：『町田市の昭和――写真アルバム』いき出版、2016年、101ページ〔町田市立自由民権資料館所蔵〕）

性の下宿・しもた屋があり、当時の町田市域には約千人の売春女性がいたとされる。とくに注目すべきは、彼女たちの何人かが「すみれ会」という更正組織をつくり、洋裁技術を獲得したり、月々百五十円か二百円の掛け金で更生のための資金を積み立てるなど、転職の準備を進め、さらに会の解散時に積立金の残金二十万円を町田第二小学校の心身障害児学級（一九五九年四月開設）に寄付していたこと[21]である。売春防止法の罰則規定の完全施行は一九五八年四月だった。すみれ会のメンバーのなかにはおそらく混血児の母がいたと推察されるが、彼女たちは転職の際に、同じく社会的な差別に苦しんでいた障害児たちに支援の手を差し伸べたのである。

　こうした、売春女性あるいは混血児の母という弱者が有した、障害児という弱者への共感や社会的連帯の追求には、売春女性や混血児をめぐる民主化運動（民主化教育）の裂け目を埋める、小さいながらも確かな人権感覚が胚胎していたと考えられる。前章で述べたように、障害児や混血児への忌避をひとつの契機として、占領下にあって優生思想を戦中よりも強化しながら一九四八年に制定された法律が優生保護法だった。そのような法の下では、障害児も混血児も「喜ばれざる誕生」をした子という刻印を押される傾向が強かった。すみれ会を媒介としたそうした弱者同士の連帯の追求には、優生という排除の論理に抗いながら、健常者への同化や日本人への同化の圧力に対峙していく、小さいながらも確かな運動性がうかがえるだろう。

おわりに

占領があけた日本社会では、厚生省と同様に文部省も混血児を日本人へ同化させ無化させる方針を掲げていたのだが、西日本や九州地方と推察される公立小の事例にみたように、担任教師が学級会を通して民主的にいじめ解決に尽力するなど、いまからみれば不十分な面はあったが、人権や人格に配慮した民主主義教育への努力も存在した。これは、小さいながらも戦後教育のひとつの成果だったといえるだろう。

写真13　1950年代の相模原米陸軍医療センター（空撮）
備考：小田急線相模大野駅近くで広大な面積を占めていた。1981年4月に返還されている（前掲『相模原市史 現代図録編』228ページ）
（出典：前掲『相模原市史 現代図録編』75ページ）

しかし、混血児教育をめぐる社会矛盾は、前章でみた澤田美喜の教育実践よりも公立小の共学実践のほうに顕著に表出していた。占領下にはアメリカ兵の物資や威厳の恩恵を受け、他の一般家庭に比して経済的に豊かな傾向を有した混血児とその母だったが、朝鮮戦争の勃発とアメリカ兵の移動、およびサンフランシスコ条約発効に伴う日本「独立」によって、経済的に貧しくなり否応なく売春に頼らざるをえなくなり、かつ、それまで反感を内に秘めていた周囲の日本人から露骨な蔑視を受けるようになった。さらに、担任教師の「喜ばれざる誕生をしたN子」という言葉が示唆するとおり、時代は優生学的な産児制限へと向かっていて[22]、そうした時代性は、混血児とくに黒人系の子どもに対する「不良」という差別意識を助長していったと考えられるだろう。

以上、総じて、戦後日本の日常世界に埋め込まれた、優生思想という生存否定ともいうべき差別にさらされながら、貧困と売春のスパイラルに陥っている母と寄り添い生きていた混血児をめぐる公立小の現場での実践が戦後教育のいくつかの可能性を示した一方で、文部省の混血児教育の方針は、日本国憲法・教育基本法体制下にあっても、無差別平等という正当性を盾に教育権・学習権の形式的な運用にとどまってしまったのであり、日本人への同化圧力や優生という排除の論理で、戦後の民主化教育の裂け目を露呈させてしまったといえるだろう。

次章では、高度経済成長期前半のステパノ学園の混血児教育について検討したい。

注

（1）佐々木隆爾『占領・復興期の日米関係』（日本史リブレット）、山川出版社、二〇〇八年、四二ページ

（2）田口ローレンス吉孝「「混血児」をめぐる境界策定」、歴史科学協議会編「歴史評論」第八百十五号、校倉書房、二〇一八年、五九ページ

（3）同論文六七―六八ページ

（4）久布白おちみ「混血児の新らしい諸問題」、前掲「ニューエイジ」第五巻第三号、二五―二六ページ

（5）前掲『混血児』二四ページ

（6）文部省初等中等教育局編『混血児指導資料』（ＭＥＪ）、文部省、一九六〇年、二ページ（国立国会図書館議会官庁資料室所蔵）

（7）「まえがき」、文部省初等中等教育局編『昭和二十九年三月 混血児指導記録』第一巻所収、文部省初等中等教育局、一九五四年、二ページ（国立教育政策研究所教育研究情報センター教育図書館所蔵）

（8）同論考二―三ページ

（9）前掲『昭和二十九年三月 混血児指導記録』第一巻、二四―二七ページ

（10）同書七―二四ページ。以下、この事例の引用は同ページ内による。

（11）宮城県Ｔ小学校「指導事例 混血児指導上の配慮」、前掲『混血児指導資料』所収、六二―六三ページ

（12）前掲『混血児の母』八七―八八ページ
（13）文部科学省ウェブサイト「わが国の教育の現状」（昭和二十八年度）の「第三章 義務教育 第一節 就学状況 五 混血児について」（http://www.mext.go.jp/b_menu/hakusho/html/hpad195301/hpad195301_2_042.html）［二〇一八年八月一日アクセス］。
（14）前掲『混血児指導資料』四ページ
（15）前掲『昭和二十九年三月 混血児指導記録』第一巻、二七―三八ページ。以下、この事例の引用は同ページ内による。
（16）「第一部 二年生の記録」、前掲『昭和三十年三月 混血児指導記録』第二巻所収、二二―三二ページ。以下、この事例の引用は同ページ内による。
（17）「第一部 三年生の記録」、前掲『昭和三十一年四月 混血児指導記録』第三巻所収、三一―三六ページ。以下、この事例の引用は同ページ内による。
（18）「第一部 四年生の記録」、前掲『昭和三十二年六月 混血児指導記録』第四巻所収、二二―三〇ページ。以下、この事例の引用は同ページ内による。
（19）前掲『混血児』三四ページ
（20）相模原市（市史編さん室）編『相模原市史 現代資料編』相模原市、二〇〇八年、四八五―四八六ページ
（21）町田市史編纂委員会編『町田市史』下、町田市、一九七六年、一〇〇〇ページ
（22）前掲『堕胎禁止と優生保護法』などを参照。

第3章　高度経済成長期前半の混血児教育
――経済主義の下で生きるために学ぶ［一九五〇年代後半から六〇年代前半まで］

はじめに

第1・2章では、一九四〇年代後半から五〇年代中葉という占領・復興期の混血児教育を検討したが、本章では、五〇年代後半から六〇年代前半という高度経済成長期前半の混血児をめぐる教育実践を跡づける。占領下の日本国憲法・教育基本法を基調とした「下の方からみんなの力で」つくりあげていく学び合いの戦後民主主義教育は、高度経済成長期前半になって、教育政策的には、政府と経済界の主導による経済成長戦略に適合した競争と選抜に軸足を置いた教育に移行してしまう。(1)ここでは、そうした戦後教育史の転換点にあって、混血児をめぐる教育実践がどのように揺れ動いていたかを検証し、差別や抑圧にさらされていた混血児という社会的弱者の教育が有した歴史的意味を明らかにしたい。

戦後日本社会の混血児教育に注目した研究はそもそも少ないが、代表的なものとしては小山景子と前田一男の成果が挙げられる。小山は、占領・復興期の神奈川県での混血児をめぐる「政策」「対策」の展開過程を追い、それが私立校を否定しないものの、混血児は公立校に通わせることを原則とし、その決定が文部省の方針にも影響を与えたことを仮説的に示唆した。[2]前田は、占領・復興期の神奈川県横浜市立元街小学校の事例から、現場教師たちが混血児たちの将来について、アメリカでの養子縁組が幸せになるのかわからないまま、とりあえずそれを推進するなど、子どもたちの教育と将来の就職・労働とをつなげて考えることができなかったことを紹介した。そのため、混血児たちの過去・現在・未来を見据えた教育への配慮に欠けた、いわば「判断停止」という「教育責任の放棄」状態に陥り、混血児問題は「結局は児童自身の自己責任に預けるかたちで、高度経済成長の喧噪の時代のなかに吸い込まれて行くことになった[3]」と指摘した。

このように県レベル・国レベルの教育「政策」の動向や、その政策の下で混血児たちを心ならずも見放してしまった公立小教師に注目した、小山と前田の優れた先行研究に学びながら、筆者は両氏がおこなっていない混血児に対する高度経済成長期前半の教育実践それ自体の分析を試みたい。すなわち混血児たちを最後まで見放さなかった私立小の事例から、彼ら彼女たちが「高度経済成長の喧噪の時代」に教育によって生きる勇気や知恵を獲得しえたのかを検証していく。

その際、本章では第1章に続き、澤田美喜の創立による、神奈川県中郡大磯町の私立聖ステパノ学園小学校を扱い、さらに一九五九年四月に開校した同中学校の教育実践を検討する。澤田は、乳児院エリザベスサンダースホームの創立者であり、混血児の「母」として注目されがちだが、後述するように、彼女は混血児たちの現実と誰よりも向き合った「教育者」でもあった。第1章でみた五〇年代前半までのステパノ小の低学年児童を対象とした教育は、子どもたちが小学校から中学校へと進む五〇年代後半以降に開花していくといっていい。本章では澤田の実践を、同時代の公立小での日本人だけを対象とした教育実践と比較しながら、教育委員の公選制から任命制への改編（一九五六年）や、その後の学校での勤務評定の導入（一九五八年）、「道徳の時間」の特設（一九五八年）、中学校を対象とした全国一斉学力テストの抽出調査から悉皆調査への切り替え（一九六一年）など、五〇年代後半から六〇年代前半という戦後教育史の転換点のなかに位置づけたい。総じてステパノ学園の教育が、時代の要請である能力主義と子どもたち自身の自己決定との間の矛盾を抱え込みながらも豊かな実践を紡ぎ出していたことを跡づけていこうと考える。

具体的には、第一に、高度経済成長期の公教育の特徴を、ステパノ学園のすぐ隣の大磯町立大磯小学校の実践から確認する（第1節）。大磯小は、当初澤田が同校の分校としてステパノ小の開校を考えていたこともあったなど[4]、ステパノ小にとってはまさに眼前の公立小であり、両校は互いの教育実践を見学する機会も多かった[5]。また大磯小は、道徳教育や人権教育、教科教育などについて当時から文部省や神奈川県の研究指定校を担うなど、その時代その時代のモデル的な教育実践を積み重ねてきている[6]。

第二に、そのような大磯小との比較を通して、高度経済成長期のステパノ小の教育実践の特徴を明らかにする（第2節）。それを踏まえて第三に、ステパノ中学校で技能教育が重視され、混血児たちの将来の労働を見据えた教育が展開されていく様子を跡づける（第3節）。そして最後に、混血児という社会的弱者のための教育から、現在の私たちが参照すべき教育的意義を考えたい。

1　保守化する教育行政――管理主義下の道徳と能力

一九五〇年代後半から六〇年代前半の大磯小学校

墨塗り教科書に顕著に示されるように、戦後教育は、戦前・戦中の封建主義的・国家主義的・軍国主義的な価値の否定から出発した。その指針は一九四六年十一月公布の日本国憲法と四七年三月公布の教育基本法によって提示され、人間らしく生存して教育を受け、社会に出て労働に従事することが、性別や家計状況に関係なく等しく「国民」の権利であると認められるに至った。とりわけ戦後「新教育」下の社会科は、「問題解決学習」を掲げ、教科の枠にとらわれずに教育内容を総合的に編成して、系統的な知識の習得よりも、子どもたちが生活者として現実的で切実な問題をともに解決していく力を育てていくことを目指していく。[7]

このように、一九四〇年代後半以降、日本国憲法・教育基本法によって民主主義教育が社会に普及していくが、一方で五〇年代は、それまでの民主化・非軍事化のための政策が方向転換していく、いわゆる「逆コース」が教育分野でも本格化し、当初の民主化教育が政策的に変容していく時期に相当している。そこで本項では、逆コースの時期から高度経済成長期前半にかけての教育の変容を、政策史の流れとステパノ学園の隣に位置する大磯町立大磯小学校の事例から確認しておきたい。

よく知られているように朝鮮戦争によって特需景気が起きるが、それによって息を吹き返した経済界は、経済の発展に適した教育を求めるようになっていく。一九五三年一月、経済界の強い要望で中央教育審議会が発足し、この中教審が教育統制を進めていく。さらに五六年六月には、公選制の教育委員が任命制に改められるなど、現場や教師に対する統制は深まっていくのだが、その一方で経済界の要求は六〇年代になると教育内容にまで及んでいき、教育政策は七〇年代に至るまで経済成長に適した競争主義や能力主義を基本原理としていく。[8][9]

大磯小学校では、そのような高度経済成長期の能力主義教育を徹底して、一九六五年には、五・六年生の算数授業を「理解度別学級編成」で実施するに至っていた。実施から三年目の六七年に同小が作成した、町議会など町内向けの冊子「理解度別学級編成について（算数）」によれば、「基礎学力」の徹底は手段で、「創造性」教育ないし「人間性」教育が目的であり、その手段の「効率」を考えた結果、理解度別学級編成を採用したのだという。[10]しかし、こうした教育実践によって、子ども同士が助け合って学び合う姿勢が希薄になってしまったことは容易に推察されるだろう。

注目すべきは、そうした学び合いの希薄化や後述する大磯町自体の都市化の影響によって、子どもたちが自己中心的な性格をもつようになってしまったことを改善するためという目的で、大磯小が道徳教育を重点化していったことである。[11]もとより、文部省によって一九五八年四月に「道徳の時間」が特設されていたが、大磯小ではこれにとくに積極的に取り組んでいた。

この年の八月、文部省は小・中学校の『学習指導要領 道徳編』を公布し、生活習慣から社会生活に至るまでの「態度」の形成を「目標」として設定した。具体的な「内容」としては、「（1）生命を尊び、健康を増進し、安全の保持に努める」「(2) 自分のことは自分でし、他人にたよらない」に始まり、「(35) 日本人としての自覚を持って国を愛し、国際社会の一環としての国家の発展に尽す」「(36) 広く世界の人々に対して正しい理解を持ち、仲よくしていこうとする」に至るまで、三十六項目に及ぶ基準を示している。(12) 教育学者の藤田昌士が概括するように、このような道徳教育は「態度」を重視する「反科学主義」の志向を強くもち、戦後の初期社会科が課題として残した「理解」と「態度」あるいは「科学」と「道徳」の統一という目標をより高い次元で解決するものではなく、むしろ社会科で形成されるべきだった「態度」の内容をいびつなものにしてしまったと考えられている。(13)

道徳特設以前の大磯小では社会科を中心に道徳教育をおこなっていて、一九五四年二月に出された同小の報告書『社会科学習においてどのようにしたら児童の道徳的成長と発達を助けることができるか』によれば、総じて「問題解決学習」によって町内の実情に即した「市民道徳」を涵養していくことを目指していた。(14) 五八年に道徳が特設されて以降も同小ではこの目的がおおむね踏襲されていて、六四年には「道徳の時間の年間指導計画と指導法」と銘打った研究をまとめている。その報告書は「道徳」の「年間計画立案の基盤」を次のように説明している。(15)

かつては湘南の観光保養地又漁業の町として知られていた大磯も、戦後別荘階級の引上げ、沿岸漁業の不振等から近年町の性格を変えつつある。他の湘南の諸都市と同じく京浜間への通勤者が多くなり、漸次住宅地としての特性を持つ様になって来た。（略）一般に生活行動が家庭閉鎖的といえると思う。児童の家庭は大半がサラリーマンとしての消費生活者であり、特に夏季海水浴シーズンには海水浴客等の影響から児童の趣味興味が外面的な刺激に向けられ易い。以上より児童の一般的な特性を次の様に捉える事が出来る。外部からの刺激に対する反応が早く環境への適応性はあるが対人関係面で、人に接する態度、ことばづかいに家庭環境等の差から来る格差がいちじるしい。協力の態度に欠け、自己中心的な面を持っている。個人の特性の上で、集団のきまりを尊重する態度に、物金銭の扱いの上で、根気強さの上で、勤労の意欲の点で欠ける者があり指導を要する。

このように大磯小学校では、一九六〇年代の大磯地区の社会構造変化と子どもたちの性格変化との連関に注目し、そうした状況すなわち「協力の態度に欠け、自己中心的」になりつつあった子どもたちへの処方箋としての道徳教育を構想していたのである。とりわけ、このころの大磯での海水浴の盛況は、大磯駅に電車が着くと海岸まで蟻の行列のように海水浴客が連なり、海岸には海の家のほか、パチンコや射的、だるま落としなどの遊興施設も設営されるほどだった[16]（写真14）。こうした、高度経済成長下の大衆消費社会の「外面的な刺激」に対して、教育関係者が少なからず懸念を抱いていたことが右の報告書からも読み取れるだろう。

具体的な道徳の教育方針としては、各学年五項目ずつの「道徳教育の重点目標」が設定されていて、そこでは、「公共のものを大切にし他人に迷惑をかけない」（第三学年）、「郷土を愛し公共の為に役立とうとする」（第四学年）、「合理的科学的精神をもって公共に役立とうとする」（第六学年）

など、少なからず地域の「公共」をめぐる問題をテーマにしていた[17]。大磯小の道徳教育が、文部省が求める「態度」の育成にのっとっていたというよりは、むしろ、それをしたたかに読み替えながら、変貌する地域の自己革新＝公共性構築に貢献しようとしていたことがうかがえる。

以上でみてきたように、高度経済成長期前半という大衆消費社会下の大磯小学校での教育の特徴は、能力主義教育と道徳教育の推進にあり、総じて共同性や公共性への感覚の鈍化という前者の欠点を、後者で補おうとしていたといえるだろう。次節では、そのような大磯小の特徴と比較検討しながら、同時期のステパノ小の教育実践を跡づけたい。

写真14　1960年代ごろの大磯町の海水浴客のにぎわい
備考：混血児たちは地元の海水浴場で泳ぐことができなかった。そのために、澤田美喜の別荘がある鳥取県岩美町へ毎年臨海学校にいっていた
（出典：前掲『通史編 近現代』巻頭）

表9　1959年9月時点のステパノ学園の児童数と職員数

聖ステパノ学園月報（一九五九・九月）

一 児童在学状況（四年生 女 二名 減 / 六年生 男 二名 増）

学年	1	2	3	4	5	6	小計	中学	合計
男	6	12	10	12	15	10	65	9	74
女	3	2	5	6	4	11	31	7	40
計	9	14	15	18	19	21	96	16	114

二 職員状況

事務	教師	講師	看護婦	使丁	医師	計
2	9	6	1	2	1	21

備考：この年は中学校開校1年目である
（出典：「聖ステパノ学園月報」聖ステパノ学園、1959年9月〔聖ステパノ学園所蔵〕）

2　自治と協働の仲間づくりの徹底化——ステパノ学園の実践

一九五〇年代後半から六〇年代前半のステパノ学園の教育は、後述するように各学年十人から二十人程度の少数の児童（表9）による自治と協働の仲間づくりを基軸に展開していく。しかし、先に確認したとおり時代は、教育行政的には民主化教育と逆行するような教育現場や教師に対する統制・管理をはかり、教育内容的には能力主義教育を推し進めていて、ステパノ学園もそうした時代

写真15　鳥取県岩美町での臨海学校
（出典：「ELIZABETH SAUNDERS HOME」〔寄付を募るための海外向けパンフレット〕、1961年〔聖ステパノ学園所蔵〕）

潮流のなかで揺れ動いていくことになる。また、前節でみたようにステパノ学園がある大磯町自体が都市化・宅地化が進み、その一方では海水浴場が活況を呈するなど、大衆消費社会の刺激や欲望のまっただなかにあり、混血児たちがそうした刺激と無縁を貫き通すことは現実的には不可能だった。本節では、高度経済成長という社会変動のなかでのステパノ小学校の教育実践を考える。

総合学習の原型としての学び合う現場

ステパノ学園の教育の特徴として、課外授業・野外学習の積極的な実施が挙げられる。大磯町内の史跡名勝や公園への全校児童遠足（五月）、五年生の奈良への修学旅行（五月）、二年生から六年生の鳥取県岩美町への臨海学校（六月から八月に分散しておこなわれた。写真15）、三・六年生の岩手県小岩井農場への修学旅行（三年生は六月、六年生は九月の十日間。写真16）など[18]、毎年の恒例行事が盛んなうえに、それ以外にも頻繁に外出している。ステパノ小の最上級生がまだ五年生だった一九五七年の十月から十二月の「学校行事報告」によれば、十月中旬には小学校全児童の「江ノ島水族館・マリンランドの見学」がおこなわれ、十一月二十九

写真16　岩手県小岩井農場での農業体験（修学旅行）
（出典：同パンフレット）

日には三年生以上の「パイロット万年筆・平塚工場見学」が実施され、十二月七日には一年生が「湯河原へみかん狩り」に出かけている[19]。

総じて積極的な学外での学習を通して、その場その場での臨機応変な教育実践がおこなわれていて、そのことは、たとえば次に掲げる、大磯町の湘南富士見平への「遠足」をテーマとした子どもの作文にも示されている。なお、富士見平には、一八三〇年代に建立された、とある若妻の非業の死を供養した通称「愛の地蔵尊」があり、かつ、眼前には相模灘が広がり、また名前のとおり富士山の展望が開けているなど、同所は現在でも大磯町の観光スポットになっている[20]。

遠足　五年　K・S

ぼくたちは、湘南富士見平へいくことにきまって、八時二十六分のバスでいった。そして、ダムのところについてけしきをみてたら、だれかがしたのほうで「おたまじやくしがいるよ。」といったから、いそいで先生にいってもいいかきいて、おたまじやくしをとりにいきました。

そして、ちようどきれがおちてたので、おたまじやくしをきれですくいました。そして、おたまじやくしをいれるものがなかつたので、Tに「かんをもつてきて」といいました。そして、Tがもつてきたので、いそいでおたまじやくしをかんの中にいれました。（略）そして、こんどはおたまじやくしをとんないで、どじようのいるところへいつたらいたので、どじようをとつたとおもつたら、ぬるぬるしてたのですべつてとれませんでした。[21]（適宜、引用者が読点を入れ、子どもの名前はアルファベット表記とした。以下、同）

　このように、富士見平は本来は相模灘や富士山、あるいは地蔵尊を観察する場所だったが、子どもたちの自然へのまなざしがおたまじゃくしを発見し、それを落ちていた布切れのようなものですくって空き缶に入れるという、臨機応変な実践がおこなわれている。これは、社会科・理科・図画工作にまたがる、いわば「総合的な学習の時間」の原型のような合科学習であり、都市化・宅地化が進む大磯町にあって、おたまじゃくしを発見し、それを、道具を調達して捕獲するという行為は、施設育ちの子どもたちにとっては珍しい経験で、知恵を出し合ってともに解決した環境学習だったといえるだろう。

　こうした総合学習的な試みはステパノ小の大きな特徴であり、先に触れた六年生の岩手県小岩井農場への十日間の修学旅行でも、大自然のなかでの自治と協働の実践の感想が一九五八年「農場日記――小岩井で」に次のように記されている。

M・K

九月二十六日

今日は、八時から三時十五分まで、畑で働きました。とてもおもしろいでした。カボチャ畑で草とりをしたときに、みみずや毛虫がたくさん出て来ましたが、一生けんめいやりました。午前は手でぬいたので、あまりのうりつがあがりませんでした。けれども午後からはいろいろのどうぐをつかったので、とてものうりつがあがり、すぐできました。そのあとから、リンゴもぎをやりました。

そのとき、先生と生徒でくみました。りんごをもぐとき、しんをのこしてとるのに少しゆだんすると、しんがとれたりします。先生が枝のままのを沢山とったので、ぼくは大わらいをしてしまいました。[22]

このように大自然のなかのリンゴ狩りなどの労働（写真17）では、子どもも教師も対等な働き手であり、教師の失敗を「大わらい」したことをどこか誇らしげにM・Kは書き記している。

以上のような、子ども・教師・学習現場の臨機応変な関係性を土台とした自治と協働の仲間づくりの教育を、ステパノ学園の教師がどう自覚して教育目的を設定していたかを、初めての小学校卒業生が出た直後の一九五九年四月「ステパノ学園ニュース」に掲載の、幼稚園と一学年から六学年の各担任教師の「先生のページ――一年の回顧」と題した文章からまとめてみると、以下のようになる。

幼稚園…「ママゴト」など「遊び」の場でも「譲り合い相談し合って役割を決め」る。

一年生…幼稚園での「遊びの面白さから一歩進んで勉強の面白さを体験」させる。

二年生…日常生活と学校生活が連続している混血児たちの「健全な要求や興味を理解して、満足を与える」学習内容を考案する。

三年生…野外に積極的に出て、協働のなかで「人間づくり」をおこなう。

四年生…「将来、社会人として世に出たとき、自分たちの出生の重荷に耐え得るだけの力の一つのいしずえとして」の学びを与える。

五生生…奈良への修学旅行の他、将来の「経済生活にも上手に耐えてゆくことの出来る」ように「小遣い帳の整理」などを実践する。

六年生…交代で「週番」を担い、遠足やクラブ活動を含めた学校生活全般の面倒をみることで、上級生として、そして「リーダー」としての感覚を養う[23]。

写真17　小岩井農場でのリンゴの収穫作業
（出典：同パンフレット）

このように、低学年での「遊び」を通した協働の学びは、中学年では混血児たちの「出生」を蔑視するような「社会」の諸矛盾と向き合えるような、いわば社会認識的な学びへと昇華し、高学年では、それでもなお公共空間でリーダーシップを発揮できるような人間になってほしいという希望を実現するための教育目的を設定している。

澤田美喜は、そうした自治と協働の教育実践が、親に見捨てられた子どもたちにとって極めて大切な意義をもつと考えていて、子どもたちの学びを児童文集としてまとめ、それを子どもたち同士で、ひいては学園支援者たちにも共有化しようとしていた。最上級生が五年生のときの文集「なかよし」の「序にかえて」で、澤田は学園支援者たちに向けて次のように述べている。なお、この文集には「ハイキング」「こうらくえん」「小岩井農場」「江の島」「大磯の海」「春のできごと」「せつぶん」「運動会」など、課外授業・野外学習を題材とした子どもたちの作文を多数掲載している。

> ここで育った子供たちは、幼児のときの最初の言葉であるパパ、ママと呼ぶ対象になるものを知りませんでした。それにしたがって、両親のそろった家庭でつかわれている言葉の多くは、用いないで育ってきた子供たちです。（略）その中で、彼らは有りったけの言葉、知っているかぎりの言葉をならべて、文章をつくり、詩をよみ、彼らの視野にあるかぎりの大自然にいどんで、これを表現していいます。（略）親馬鹿と笑えば笑え。私にとっては、彼らの作品は、ルイス・スティブンソンであり、タゴールであり、白楽天の卵でもあるとさえ思うのです。[24]

両親がいる温かな家庭を知らない子どもたちが、「視野にあるかぎりの大自然にいどんで」「知っているかぎりの」「有りったけの言葉」を使い、自分たちの思いを表現していくこと、そしてそれを文章にして、仲間同士だけではなく、まわりの大人たちも含めた広い世界で共有していくことに、澤田が大きな教育的意義を見いだしていることがわかる。

そうした思いは他の教師たちも同じであり、「卒業記念文集」第一号に寄せた教師たちの祝辞では、ステパノ小の学び合う教育の特徴をよき思い出として記している。たとえば、最上級生が三年生の一九五五年に赴任したある教師は、当初は「先生がたから、よく御注意をうける生徒さんだなとおどろいた事もありま」したが、「歌の練習も劇の練習も、自習もよく一緒にや」るなど、「なんでも一緒に」やるという「良い校風」の下で、「皆さんの作文が上手になった様に」卒業生はみんな「とても立派になりました」と述べている。[25] 六年生は運動会などの学校行事でリーダーシップを発揮し、「朝早くから夕方おそく迄働らいて」いたようで、そのことに対して多くの教師たちが「卒業記念文集」第一号で感謝の意を語っていた。[26]

先にも少し触れたが、六年生たちは学園生活で日々「週番」を交代で担い、自治と協働のまとめ役を担っていた。ここで、その「週番」の様子をみてみよう。次に挙げたのは、ステパノ小の最初の卒業文集に掲載された六年生の作文である。

週番をやって　　　　Ｔ・Ｉ

週番の言う事をきかない人もいる。一年は言うことをきいてすわっているけれども、いいつけた事をしないで、国語なら国語をしないで、外にうしろにある本を読んでいたりそういう事が、多かった。二年は、いつもきまっている人が悪い子で、二、三人決まっていてふざけている。

> 三年は、週番のいう事をとてもよくきいていて、三年生をする週番は一番楽だ。四年は、せいれつの時、よく週番に、めいわくをかける。他の学年へ、いたずらをしに行く人もいる。五年はかならず、自習の時間に人数が足りない。どこかの学年へいたずらに行く人もいる。よくけんかをしている。とくに女子が多い。六年は、自習にいいつけた事をしないで、遊んでいたりふざけたりして、なにもいうことをきかない。お礼拝堂へ入る時のせいれつも一番わるい。[27]

ここには、六年生の眼を通した学園生活の実態を垣間見ることができるだろう。この作文では自分の言うことを聞かない下級生への批判を展開しているが、ともあれ、最上級生である六年生の責任感が大いに感じられる。こうした週番の苦悩は、子どもたちの直筆による「週番日誌」によって教師もしっかり把握していて、日誌をみた教師が赤字でコメントを入れていた（写真18）。

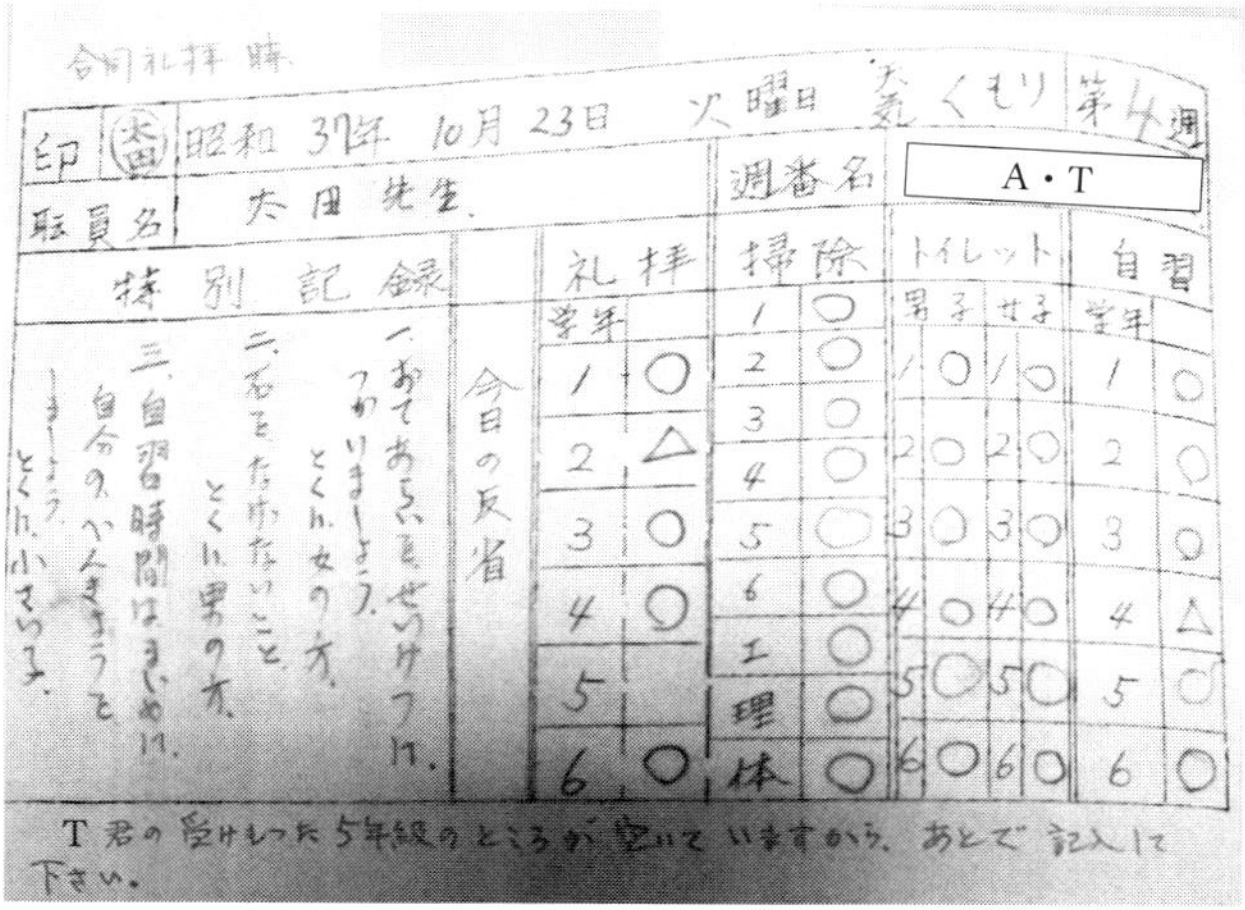

写真18　ステパノ学園の1962年度「週番日誌」
（出典：聖ステパノ学園所蔵）

なお「週番日誌」の写真からもわかるように、ステパノ学園の教育には、日課として礼拝が組み込まれているなど、宗教教育の要素が存在する。とはいえそれは、学園生活のあくまで一部であり、前述のとおり学園では、学校行事やクラブ活動も含めた学校生活全般のなかで、自治と協働の仲間づくりを推進することによって公共心や道徳心を養っていた。ステパノ学園に特設道徳教育に関する資料は残存しておらず、少なくとも、前節でみた大磯小のような重点化はしていなかったと推察される。大磯小の道徳教育が変貌する地域の自己革新＝公共性構築を主眼としていたのに比べると、ステパノ小では素朴に、成長する仲間の自己革新＝連帯性構築を目指していたといえるだろう。

以上みてきたように、ステパノ学園は少人数のため、校内で共同性・協働性・公共性に重きを置いた学び合いの教育実践が可能だったと考えられる。しかし、そうはいっても時代は、大磯小の算数の授業に顕著にみられたように能力主義の様相を呈しつつあった。こうした傾向にステパノ小の子どもたちは、たとえば「算数の時間に計算がわからなくなると、よくどうめいをして考えた」と「卒業記念文集」第一号の作文に書かれているとおり、学び合い助け合いをおこなって対抗していたようである。(28)

しかしながら同じ文集には、中学入学を目前に控えた六年生たちの言葉として、「中学に行ったら、算数に身を入れて、小学校の時、僕のとなりだったKちゃんをぬかそうとおもっている」や「中学へ行ったら算数に力を入れて、そして組で一番になりたい」(29)という競争主義や能力主義への志向も散見される。大磯小学校同様に、ステパノ学園にあっても子どもたちの間に競争と選抜の発想は少なからず浸透しつつあったといえるだろう。

社会へのまなざしと社会での身もだえ

前項のとおり、ステパノ学園も時代の教育思潮としての能力主義と無縁ではなかったのだが、だからといってステパノ学園の子どもたちは時代に単に同調していったわけではない。先にみた「卒業記念文集」第一号には、「社会科「私たちの政治」をならって」と題した章があり、そこでは十三人の卒業生が武骨ながらも鋭利な社会批判を披露している。それらを要約すれば、おおむね次の四つの主張になる。

> 今はどんどん自衛隊をふやしているので、ぼくはまた戦争になるんじゃないかと思って、心配である。なにしろピカ戦争だからだ。
>
> 僕は、大人になったら選挙をするとき、立派な人、国民のことをよく考える人をえらびたいと思います。もし僕が、選ばれて総理大臣になったら、戦争をやめさせ、貿易をもっとさかんにして、沖縄のような島を立派な島に作りなおそうと思います。
>
> 私はよい日本の大臣をえらんで日本をよくします。そして裁判官や教育委員をえらんで、もっともっと日本をよくしていきたいと思います。
>
> 僕が思うには、自民党と社会党がいっしょになって、力を合わせてやったら、もっともっとよくなるかもしれません。[30]

それぞれ、六年生なりの鋭い社会認識・政治認識が示されている。澤田美喜の実践は、第1章で触れたように、これまでおおむね〝信仰〟の産物のように捉えられてきたが、実際には右の社会科実践の成果が示すように、眼前の社会を批判的に捉え、社会改造の方向性を探求する、社会〝科学〟的な方法論を少なからず胚胎させていたといえるだろう。

しかしながら、一九六〇年代というさまざまな欲望があふれる大衆消費社会の確立期にあって、欲望に身を委ねてしまう混血児がいたこともまた事実である。澤田が六七年に毎日新聞社から刊行した『黒い十字架のアガサ』では、ステパノ学園中学校を卒業した黒人系女性のアガサが、学園近くの「精神薄弱児施設」の保母の助手の仕事に就くが、恋愛のとりこになって色情もあらわな行動をとるに至り、結果的に「警察署―鑑別所―施設」を渡り歩くほどに、高度経済成長期の欲望や誘惑に沈潜してしまった事例を記している(31)。

もっとも、だからといって澤田がアガサを見捨てていたのでは決してない。同書には、アガサの生きざまを赤裸々に記すことで、それを単に自己責任に帰してしまいがちな当時の世論に対して、アガサは戦争の歴史が生み出した「犠牲者」でもあるのだという、いわば社会責任を問う姿勢がみられる。すなわち、混血児という社会的弱者に無関心・無責任な日本社会の戦後思想を批判するような意図が随所に見え隠れしている。

同様に、同書では第1章第1節の「混血児の誕生」で触れた黒人系混血児のメリーのその後も紹介している(32)。売春をして黒人兵と家出を繰り返す母親の影響で、メリーはサンダースホームに来て早々、「ハウ・マッチ?」と、体をくねらせながら下から人を見上げるようにして、「「夜の女」が男と取り引きする時にかわす会話」を職員に向かって投げかけ、みんなをびっくりさせたという。成長したメリーは、特技の編み物の技術を生かせる工場に就職したが、職場を転々とし、次から次へと男性を誘惑し、最終的には立川基地の「メイド」らしき仕事に就いて「基地内を挑発的なマリリン・モンローバリの姿勢」で闊歩し、「母親と同じワダチを踏む」ことになってしまう。

しかし澤田は、そのようなメリーを決して見捨てることはしなかった。澤田によれば、メリーは大変純情で、実らぬ恋だった初恋の相手を忘れられず、繰り返し自分に「あの人と自分は住む世界が違うこと」「あの青年は清い愛情を教えてくれたということ」を言い聞かせているような子だという。澤田は次のようなメリーからの手紙を紹介している。

> 人はみんなじろじろと私を見る。それは私が黒いからだ。そっとしておいてもらいたいのに。私は日本人として、日本の国籍を持っているのに。私は黒いために、愛情も捨て恋も失ってしまった。お互いに愛しあっていたのに、あたりが許してくれなかった。黒いから。黒いから。私は自分を生んだ母を許さない。すべての不幸はそこから生まれるのだ。

このように自分の存在自体も否定してしまっているメリーを、澤田は「みがかれない宝石」と呼び、「がさつで乱暴で、けばけばしい彼女のなかに、ピカピカと光る宝石が秘められているのだ」という。メリーの人生を狂わせたもの、それは彼女の生まれではなく、日本社会の差別と偏見にほかならないことを澤田は訴えているのである。

3　技能教育へ――生きて働くために

前節の最後でみたアガサやメリーの事例のように、黒人系の女性が日本社会で生き抜くことがどれほど過酷であるかを知っていた澤田は、黒人系混血児を主な対象とした技能教育に力を入れていく。澤田は一九五九年四月にステパノ学園中学校を開校し、その開校趣旨を六六年版「聖ステパノ学園概要」で次のように振り返っていた。

社会の荒波に耐えて健全に成人し、幸せに処世してゆけるためには、この子達の能力を伸ばし人格の完成をはかると共に、特別な技能を身につけさせる職業教育を重視してゆかなければなりません。そのためには、小学校より一貫してその性質、能力、適応性を熟知しました環境の同じものたちのための小学校教育と関連した中学校の設立が必要であるとの結論に達しました。[33]

このように、厳しい現実社会で生き抜いていくためには「人格の完成」だけではなく「特別な技能」も体得しなければならない、と澤田が当初から考えていたことがわかる。

ここで写真19から25までをみてみよう。これは、サンダースホームとステパノ学園が寄付を募るために一九六一年に発行した海外向けパンフレットであり、学園教育の特徴のひとつとして

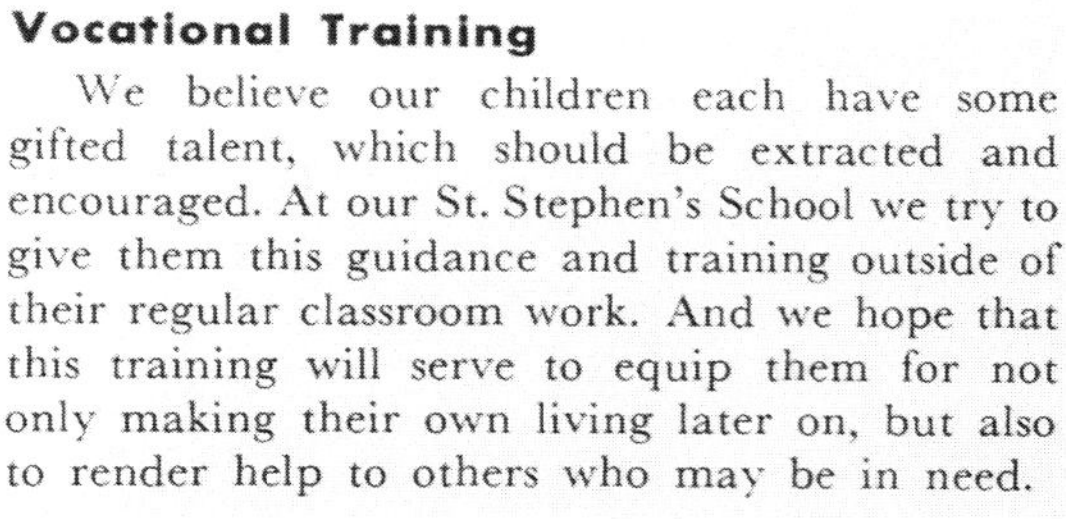

Vocational Training

We believe our children each have some gifted talent, which should be extracted and encouraged. At our St. Stephen's School we try to give them this guidance and training outside of their regular classroom work. And we hope that this training will serve to equip them for not only making their own living later on, but also to render help to others who may be in need.

写真19　ステパノ学園の“Vocational Training”「技能教育」の趣旨
（出典：前掲「ELIZABETH SAUNDERS HOME」）

“Vocational Training”「技能教育」を紹介している。写真19では、「技能教育」の性格をおおむねこう説いている。すなわち、通常授業とは別の技能教育が、それぞれの子の可能性をさらに伸長させる。それによって混血児たちは将来的に自活することができる力を得て、さらに困っている他者に援助の手を差し伸べることもできるようになるだろう、と。

写真20から25でわかるように、そうした趣旨の技能教育を受けている子には黒人系の混血児が多く、その内容はミシン（洋裁技能）、木工（加工技能）、絵画（芸術技能）、顕微鏡（化学技能）、人形づくり（手芸技能）、音楽（芸術技能）などと幅広い。

ここで注目すべきは、ステパノ学園では芸術的技能と実業的技能を分離させずに、両者をともに子どもたちが将来生き抜いていくための糧と考えていた点である。それは、先に澤田が述べていた、「人格の完成」を目指すことと、生き抜くために「特別な技能を身につけ」ることとが、表裏一体のものであることを物語っている。高度経済成長期という「荒波」に投げ出される混血児たちには、自活し生き抜くための実学だけでなく、人間らしく生き抜くための芸術も必要であり、だからこそ芸術的技能を養った彼ら彼女たちは、困っている他者に援助の手を差し伸べて連帯することもできる人間として期待されていたといえるだろう。

写真20　ステパノ学園の“Vocational Training”「技能教育」の様子〔ミシン（洋裁技能）〕
（出典：同パンフレット）

写真21　ステパノ学園の“Vocational Training”「技能教育」の様子〔木工（加工技能）〕
（出典：同パンフレット）

写真22　ステパノ学園の“Vocational Training”「技能教育」の様子〔絵画（芸術技能）〕
（出典：同パンフレット）

写真23　ステパノ学園の“Vocational Training”「技能教育」の様子〔顕微鏡（化学技能）〕
（出典：同パンフレット）

写真24　ステパノ学園の“Vocational Training”「技能教育」の様子〔人形づくり（手芸技能）〕
（出典：同パンフレット）

写真25　ステパノ学園の“Vocational Training”「技能教育」の様子〔音楽（芸術技能）〕
（出典：同パンフレット）

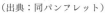

ひるがえって、若者の労働環境の劣化が叫ばれる現在、教育社会学者の本田由紀は、若者をめぐる労働観とくに「能力」観に転換が必要だと主張している(34)。本田は、個人の人格と結び付いた抽象的なものとして能力を捉えない。個人に外在しさまざまな訓練を通じて獲得されるものとして考え、能力ないし技能の獲得は個人の権利であり、さらに能力が十全に発揮できない場合には自己責任とせずに、社会が責任を負うべきだと説いている。

こうした現在の若者の労働をめぐる本田の能力観は、混血児の将来の労働を見据えて澤田が一九五〇年代後半以降にステパノ学園で展開した技能教育のあり方と、社会＝教育が若者の能力発揮に責任を負うという意味で極めて親和的だといえないだろうか。時代や生い立ちが異なるとはいえ、能力を獲得できず発揮できない若者が日本社会に恒常的に存在していることは確かだろう。

おわりに

高度経済成長期前半の公教育は、教育内容的には、大磯小学校の事例にみられたように、経済主義的・消費主義的な欲望にあふれる大衆社会を生き抜いていくための能力と道徳を身に付けることを主要な教育課題としていた。

こうした教育動向とステパノ学園の小・中学校も無縁ではなく、むしろステパノ学園はより深刻に大衆消費社会と対峙しなければならなかった。人種的偏見や社会的差別にさらされている混血児たち、とくに黒人系の子どもたちは、生きて働くために具体的な職業技能を体得しなければならず、かつ、社会の抑圧に耐えて人間らしく生き抜くために、他者との連帯を築けるような道徳性を養っていくことも必要だと考えられていた。とりわけステパノ中学校では、技能教育に力を入れ、黒人系混血児たちの将来の職業を少なからず方向づけていたのだった。

現在、教育現場で一定程度普及している子どもの自己決定権というひとつの理想からすれば、ステパノ中学校で実施されていた将来の労働を見据えての技能教育に、その理想に反している側面を有していたかもしれない。

しかし本章でみたとおり、高度経済成長期前半という、消費主義的な欲望にあふれ、連帯の力の養成よりも競争力がある個人の育成に重きが置かれる社会にあって、混血児という社会的弱者に自己決定権の行使を委ねても現実的には子どもたちの「最善の利益」につながらないことは、黒人系女性のアガサやメリーが欲望にのみ込まれ、警察署や鑑別所の常連となったり、母と同じように売春に手を染めていったりなど、結果的に社会から切り捨てられてしまった事例から、澤田自身が痛いほど理解していた。

いま、私たちが澤田の実践から学ぶべきは、社会的弱者の教育にとっては、みんなが参加できる競争原理に基づいた能力主義という、一見公平で平等にみえるシステムが適しているとはいえず、さらなる弱者を再生産してしまう危険性があるということ、そしてそのシステムの下では、自己決定権の行使という理想が幻想にすぎなくなってしまうということではないだろうか。総じて澤田は、弱者が切り捨てられていくような状況に抗うための、弱い個人の連帯性構築という、素朴ながらも強い協働のあり方、すなわちひとつの道徳のあり方を私たちに提起しているのである。
澤田の実践については、二〇一七年まで文部科学省が全国の小学校に配布していた道徳教育用教材『私たちの道徳 小学5・6年』が「公正、公平な態度で」という項目のなかで、二歳から青年期まで澤田の下で育った男性の娘が記した「愛の日記」を通して、いまを生きる子どもたちに紹介していた。[35] この道徳教育用教材に対する賛否はあるにせよ、澤田の実践が信仰の要素を脱色したとしても、教育をめぐる「公正」性を考えるうえで少なからぬ示唆を有していることは間違いなさそうである。

注

(1) こうした日本教育史の通史的理解としては、山住正己『日本教育小史——近・現代』(〔岩波新書〕、岩波書店、一九八七年)の「Ⅳ 戦後教育改革」「Ⅴ 教育の保守化と高度経済成長」などが代表的なものといえる。
(2) 小山景子「戦後神奈川県における「混血児」教育問題」、首都圏形成史研究会編「年報首都圏形成史研究 2012」第二号、首都圏形成史研究会、二〇一二年
(3) 前田一男「第三章 教育」「四「混血児」の児童への対応」、横浜市総務局市史編集室編『横浜市史2』第二巻下所収、横浜市、二〇〇〇年
(4) このことは、澤田美喜の死を追悼する前掲「広報おおいそ」第二百三十七号で報じている。
(5) ステパノ学園が関係者に配布していた「聖ステパノ学園月報」には、大磯小学校の教員が運動会や

卒業式などの行事に学園を訪れる記事や、ステパノ学園の教員が大磯小の研究授業に参加する記事などが散見できる（聖ステパノ学園所蔵）。

（6）前掲『資料編 近現代』第三巻や前掲『通史編 近現代』の該当部分を参照。

（7）前掲『日本教育小史』一六六ページ

（8）教育委員の公選制から任命制への転換は、戦後教育改革の原則とりわけ、教育行政の一般行政からの独立、教育行政での地方分権という原則を修正した大きな改編だった。教育長任命に際し市町村教育委員会教育長は、都道府県教育委員会の承認を得なければならないとされたこと、教育予算に関わる教育委員会の自主権を廃止したこと、学校で教科書以外の教材を使用する際には教育委員会に届け出てその承認を要すると決めたこと、市町村立学校教職員の人事を市町村の内申を待って都道府県教育委員会がおこなうよう改めたことなど、任命制への変更はこうした多岐にわたる改編を伴っていた。そしてこうした改編に際し、教員出身の教育委員が全国レベルで激減したことなどについて、教育界では少なからず不満の声があがっていたのだった。

（9）以下、高度経済成長期の能力主義的な教育政策については、尾崎ムゲン『日本の教育改革――産業化社会を育てた一三〇年』（中公新書）、中央公論新社、一九九九年）一九三―一九九ページによる。

（10）大磯小学校の理解度別学級編成については、前掲『通史編 近現代』七六四―七六六ページによる。

（11）戦前から高度経済成長期の大磯小学校の道徳教育について詳しくは、拙稿「戦後道徳教育の地域社会史――一九五〇―六〇年代の神奈川県中郡大磯町を事例として」（田崎宣義編著『近代日本の都市と農村――激動の一九一〇―五〇年代』所収、青弓社、二〇一二年）を参照。

（12）岩本俊郎／志村欣一／田沼朗／浪本勝年編『史料 道徳教育の研究 新版』北樹出版、一九九四年、一七八―一七九ページ

(13)藤田昌士『道徳教育――その歴史・現状・課題』エイデル研究所、一九八五年、七〇ページ
(14)『社会科学習においてどのようにしたら児童の道徳的成長と発達を助けることができるか』神奈川県中郡大磯町立大磯小学校、一九五四年(大磯町立図書館所蔵)
(15)『道徳の時間の年間指導計画と指導法』神奈川県中郡大磯小学校、一九六五年、五ページ(大磯町立図書館所蔵)
(16)八田恵子氏が二〇〇二年九月十四日におこなったS氏(戦後最初の大磯町議の子息)とI氏(大磯海水浴場の戦後第一号の「お茶屋」経営者)への聞き取りによる。大磯町の海水浴の変遷については、八田恵子「戦前・戦後、大磯の海水浴の変遷」(大磯町史編さん委員会編「大磯町史研究」第十号、大磯町、二〇〇三年)を参照。
(17)前掲『道徳の時間の年間指導計画と指導法』六ページ
(18)M・K「「今年度」一年間の学校行事」「卒業記念文集」第一号、聖ステパノ学園小学校、一九五九年、七四―七五ページ(聖ステパノ学園所蔵)。なお本書では、子どもたちの名前は原則的にイニシャルで記す。
(19)「聖ステパノ学園通信」臨時号、聖ステパノ学園、一九五八年(聖ステパノ学園所蔵)
(20)大磯町のウェブサイトを参照。「愛の地蔵尊」(http://www.town.oiso.kanagawa.jp/isotabi/look/rekishi/ainojizouson.html)[二〇一七年十月二十二日アクセス]
(21)「聖ステパノ学園月報」一九六〇年五月号、聖ステパノ学園(聖ステパノ学園所蔵)
(22)M・K「九月二十六日」「農場日記――小岩井で」、前掲「卒業記念文集」第一号、九〇ページ
(23)「聖ステパノ学園ニュース」第四号、聖ステパノ学園、一九五九年、三―七ページ(聖ステパノ学園所蔵)

(24) 澤田美喜「序にかえて」、「なかよし」第五号、聖ステパノ学園小学校、一九五八年（聖ステパノ学園所蔵）
(25) 柴田敏子「御卒業おめでとう」、前掲「卒業記念文集」第一号、四ページ
(26) たとえば、田中与志江「御卒業おめでとう」（同文集）九ページなど。
(27) T・I「週番をやって」、同文集六一ページ
(28) R・T「となりの友だち」、同文集四七ページ
(29)「中学へ行ったら」、同文集五二―五三ページ
(30)「社会科「私たちの政治」をならって」、同文集一一二―一一七ページ
(31) 沢田美喜『黒い十字架のアガサ』毎日新聞社、一九六七年、一〇―一三ページ
(32) 同書一一三―一二八ページ
(33)「聖ステパノ学園概要」聖ステパノ学園、一九六六年、一ページ（聖ステパノ学園所蔵）
(34) 本田由紀「若者にとって働くことはいかなる意味をもっているのか――「能力発揮」という呪縛」、小谷敏／土井隆義／芳賀学／浅野智彦編『労働――若者の現在』所収、日本図書センター、二〇一〇年
(35)「愛の日記」『私たちの道徳 小学5・6年』文部科学省、一三六―一三九ページ、「私たちの道徳 小学校5・6年」(http://www.mext.go.jp/a_menu/shotou/doutoku/detail/1344254.htm)［二〇一八年八月十五日アクセス］

第4章　高度経済成長期後半・低成長期の混血児と日本人の子との出会い——経済主義の下で教育と労働をつなぐ［一九六〇年代後半から七〇年代後半まで］

はじめに

前章では、一九五〇年代後半から六〇年代前半という高度経済成長期前半のステパノ学園での混血児教育が、児童・生徒たちの将来の労働を見据えて自治と協働の仲間づくりと技能教育に重きを置いていたことを明らかにした。本章では、そうした教育が六〇年代後半から七〇年代後半という高度経済成長期後半から低成長期にかけてどう展開したのか、そして実際に成長した混血児たちが社会をどのように生き抜いていったかを日本社会の労働環境や貧困の様相を踏まえながら解明する。

高度経済成長期後半・低成長期の混血児教育に関する学術研究は知るかぎり存在しないが、当時の社会調査データの復元や貧困をめぐる言説の分析によって、子どもの貧困が不可視化されていくことを指摘した相澤真一や元森絵里子らの共同研究(1)は示唆に富む。元森によれば、一九五〇年代後半には、中卒就職者という勤労青少年が、自分の置かれた労働環境や経済格差に関する過酷な「現実」を事細かに語る傾向が強かったが、高校進学希望者が増大していく六〇年代後半になるとそうした語り口は、「一つ一つの小さな仕事が社会の歯車となりそれに価値があるというタイプの語り口へと置き換わっていく」(2)という。このように企業社会への包摂＝「歯車」化を中卒就職者が肯定的に捉えていくなかで貧困という現実が不可視になっていく問題を元森は指摘しているのだが、本章の前半では、そうした「歯車」になることさえ困難だった混血児たちにとって、教育―労働の最後の接続策だったブラジル農業移民のありようを示すことで、貧困に抗うステパノ学園流の教育の方法の意義と限界を示唆できればと思う。

また、前述のように、占領・復興期・高度経済成長期前半のステパノ学園の教育実践は混血児だけを対象としたものだったが、本章が分析対象とする高度経済成長期後半・低成長期のステパノ学園は、第1章で触れた一九五二年五月の優生保護法改正によって人工妊娠中絶の手続きが簡易化した影響で、以前に比べて数的に少なくなっていた混血児(3)と、日本人との共学を推進していく。その日本人とは、身体的・精神的な障害や疾患、家庭崩壊など、少なからず貧困と関連した複合的な理由によって親元で育てきれなくなり児童相談所経由でサンダースホームに入所した子どもたちであり、どの子も日本社会の周縁に追いやられていた弱者たちだった。本章の後半では、こうした日本人の弱者たちと混血児たちがステパノ学園でどのような連帯を築いていたのかを明らかにし、貧困の不可視化が進む高度経済成長期後半・低成長期にあって「恵まれない」日本人の子と混血児とがどのように学び合ったかを跡づけ、再度、貧困と格差、優生思想と差別といった社会の不条理に抗う教育の方法の意義について考えたい。なお、第2章でも述べたように、本書が扱う混血児は法的には日本国籍をもつ「日本人」だが、社会的イメージとしては日本人とは見なされない傾向が強かった。そのため本章でも、日本国籍を有する混血児と日本人の子どもを、おおむね〝混血児〟と〝日本人の子〟と表記する。

以上、本章では第一に、就職時期にさしかかった混血児たちが大衆雑誌でどのような働き手として描かれていたかを明らかにし、かつ、それに対してステパノ学園がどう対応したのかをみていきたい（第1節）。そうした背景を踏まえて第二に、進学と就職のはざまで揺れるステパノ学園の混血児たちにとって最後の選択肢だったブラジル農業移民について検討する（第2節）。第三に、ブラジルに渡らず日本に残った混血児たちが、企業社会の下での一元的な能力尺度による序列化などの主流文化への同一化を、たとえ未熟とはいえ乗り越えるような契機を有していたことを、ステパノ中学校の卒業文集から示唆したい（第3節）。第四に、一九七〇年代に至り、日本社会で周縁化されていた混血児と「恵まれない」日本人の子とが出会い、学び合っていくなかで、オルタナティブな人間関係・社会関係を練り上げていく様子を描く（第4節）。そして最後に、混血児教育の学校として出発したステパノ学園が、弱者（混血児）がリーダーシップをとり、他の弱者（日本人）を支える、新たな弱者同士の連帯という意味で、八〇年ごろにはインクルーシブ教育の萌芽を形作っていたことを示したい。

なおステパノ学園には、体系的な学園史はなく、断片的な思い出などがいくつか収録されている、学園の現在を紹介するエッセー集[4]があるだけである。

1　大衆雑誌にみる混血児イメージの定着と日本社会への包摂――才能と汚辱

この時期の混血児の社会的なイメージは、序章で述べたようにタレントやスポーツ選手といった能力主義的な才能イメージと、森村誠一の推理小説『人間の証明』に象徴される汚辱イメージとの間でジレンマにあった。ここでは、才能と汚辱という占領・復興期以来の混血児イメージが一九六〇年代後半以降に定着していく様子を確認し、それを踏まえて、この時期のステパノ学園が能力主義的な風潮にどう対応したかを考えたい。

才能と汚辱の間

占領・復興期にも、混血児は「白いのは音楽家やバレリーナなどの芸術家に、黒いのはスポーツ選手という手もありますから、そう頭痛にすることもいらんでしょう」という無責任な傍観者的態度[5]がジャーナリズムに往々に見受けられたが、そうした固定的なイメージは、混血児たちが就職時期にさしかかった一九六〇年代後半に雑誌メディアなどに再度噴出し定着していく。たとえば「同情では解決できない」と題された「朝日ジャーナル」[6]の論説をみてみよう。

優越感と劣等感

日本は、米国での黒人差別問題などを、対岸の問題視している。しかし、日本人の内部にも、それはありうる問題なのだ。たとえば、同じ混血児にしても、黒人と日本人の子ども、白人と日本人の子どもで、われわれの示す態度に差はないだろうか。また、父親が日本人であるか、母親が日本人であるか、によって、混血児の抱く劣等感に差異はないだろうか。混血児自身が、男であるか、女であるかによっても、その意識は異なるはずである。（略）日本人は同情と理解で混血児の問題を解決できると思っているらしい。しかし、混血児自身は、同情によって何も解決できないものを持っているのである。混血であることの劣等感は、混血であることの優越感によってしか、解決できないものなのだ。たとえば、二ヵ国語を自由に話すこと、スポーツ選手としてすぐれること、有名な歌手になること、それがかれらの劣等感の克服の一つの道であるから、かれらはしばしば、そうした点ですぐれた能力を示すのである。

このように、日本社会は単に混血児を差別しているだけでなく、そのなかに白人／黒人、男／女の序列を設けていて、そうした根深い抑圧構造での「劣等感」を混血児が払拭するには、バイリンガルであるとか、スポーツ、芸能などの分野ですぐれるとかいった、能力主義的な「優越感」を得るしかないという。成長した混血児たちが高度経済成長期の企業社会からはおおむね排除され、周縁的な職業に追いやられていたことがわかる。

では、実際にはどんな職業が大衆雑誌で吹聴されていたのか。写真26をみてみよう。「くたばれ偏見！　社会人になった混血の子ら」という見出しで、「ボクサー」「競輪選手」「ブロック工」「踊

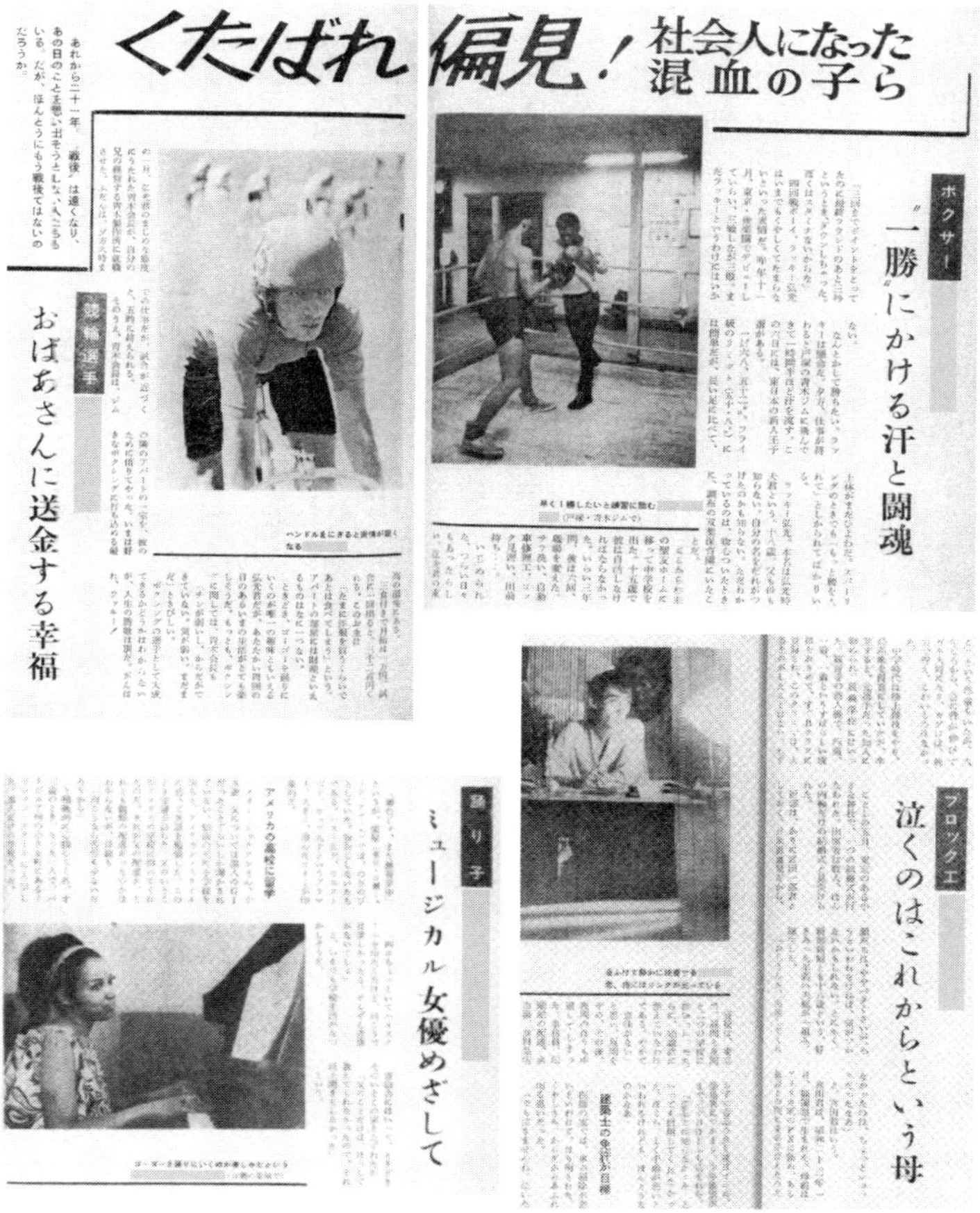

くたばれ偏見！社会人になった混血の子ら

あれから二十一年。"戦後"は遠くなり、あの日のことを思い出そうともしない人たちもいる。だが、ほんとうにもう戦後ではないのだろうか。

ボクサー
″一勝″にかける汗と闘魂

早く１勝したいと練習に励む（戸塚・青木ジムで）

競輪選手
おばあさんに送金する幸福

ハンドルをにぎると表情が厳しくなる

踊り子
ミュージカル女優めざして

ブロック工
泣くのはこれからという母

写真26　日本社会の限られた職業への混血児の包摂を吹聴する大衆週刊誌
（出典：「週刊読売」1966年8月12日号、読売新聞社、22－26ページ）

週刊ポスト

衝撃の告白 第101回

〝黒い肌の日本人〟四人娘が燃えたぎるとき

日本歴史が始まって以来！15万の黒人混血児の血の証言

「歌えて、踊れて、セックスができれば、ゴキゲンじゃん」――十九歳のジュンは、ハマッ子言葉でまくしたてた。そこには、暗い翳《かげ》りなどみじんもない。むしろ、黒人との混血を誇っているように見える。歌・踊り・セックス……ニグロの〝ソウル〟(魂)を、彼女たちは、この異質社会の中で、どこまで伝えられるであろうか。

BBS ビューティ・ブラック・スターズ

初体験は済んだわ

写真27　音楽グループとして活動する黒人系の女性混血児たちの性生活を誇張する大衆週刊誌
備考：「15万の黒人混血児」とあるが、その数の根拠は示していない
（出典：「週刊ポスト」1972年2月18日号、小学館、168－169ページ）

り子」となった青年たちの活躍を報じている。もちろん、これらの職業だけではないにしろ、日本社会の限られた職業への就業がもっともらしく喧伝されている。

ここで留意したいのは、「踊り子」が適任とばかりに報じられている黒人系女性が、右でも述べたように、日本社会の混血児のなかで最も強い偏見にさらされていたことである。写真27の音楽グループに関する記事をみてみよう。性生活が過激に誇張された触れ込みは、「歌・踊り・セックス」を「ニグロの〝ソウル（魂）〟」と見なし、彼女たちが「むしろ、黒人との混血を誇っているように見える」とセンセーショナルに書きたてている。こうした論調は、先にみた「同情では解決できない」と題された「朝日ジャーナル」の記事と通底していて、黒人系である「劣等感」をソウルフルな感情表現能力という「優越感」で吹き飛ばせといわんばかりだが、そこでの「ソウル」は奔放な性生活を強調した、極めて偏ったものであることがわかる。

とはいえ、こうした偏見や差別感に満ちた記事の一方で、大衆雑誌に混血児たちの本音として、それでも日本社会へ包摂されたいという思いが紹介されているのも事実である。「黒い肌の混血児が打ち明ける哀しい胸のうち　混血児座談会　踏まれても蹴られてもやっぱりこの日本に住みたい」と銘打った「主婦と生活」の記事では、黒人系の混血児たちが「いつも仲間はずれ」だったこと、「お母さんなんか死んじまえ」と口走ったこと、高校入学を拒否されたことなど、日本社会での差別と苦悩の体験を語り合っているのだが、最後には、でも「私たちは日本人です」と主張し、日本社会で生きていく決意を示している。(7)

では、混血児たちが日本社会に包摂されたい、スポーツや芸能以外で企業社会の周縁から少しでも中心部分へ移動したいと思ったとき、どうしたらよかったのだろうか。次項では、中心部分へのルートを当時のステパノ学園における能力主義的な教育実践から考えたい。

知能テストと学力テストという能力主義にさらされる混血児

女子栄養大学の衛生学の研究者である石原房雄によって、一九六七年にステパノ学園の小学一年から中学三年の児童・生徒の知能テストと学力テストが実施された。対象者は六歳から十六歳で、小学生二十六人、中学生二十二人、白人系混血児が二十八人、黒人系が二十人だった。その結果は、石原房雄「混血児の知能及び学力テストの成績について　2」[8]として発表されている。石原は、四七年から五〇年にも主にエリザベスサンダースホームの六歳未満の幼児を対象とした「知能テスト」をおこなっていて、その際の結果を六九年発表の右記論文の冒頭で次のように記している。「知能指数は、日本人と白人〔の間の：引用者注〕混血児平均九〇・一七、純日本児平均一〇八・六、黒人混血児平均八九・六であり、描画能力も混血児五八％であるのに対して純潔児は一〇〇％で、概して混血児の方がやゝ劣っているようだったが、混血児は生活環境が悪かったことと、三〜四歳の幼者なので確かなことは言えない」

これに対して、義務教育段階の調査を改めて一九六七年におこなったわけだが、石原は調査の「総括」でこうまとめている。「知能偏差値」の「総平均」は「日本純血児と有意の差を示し、混血児がやゝ劣っているのを示し」、「学力偏差値平均」も「日本人と有意の差が認められ、混血児が僅かに劣っている」と。そして「ステパノ学園は生徒の割に教員多く十名も居られ個人教育に近く、学力値はもっと高くてもよいはずであった」と付言した。

日本全体での知能テストと学力テストという一元的な能力尺度による評定と序列化が、経済界や企業社会の要請に応じたものだったことはよく知られているが、[9]ともあれ前述のような一元的尺度による「劣っている」という結果報告が、ステパノ学園を能力主義に駆り立てていくきっかけになったことは想像にかたくない。

もとより、ステパノ学園には、一九五八年から八六年までの「全校知能テスト一覧表」の綴りが保存されていて、成長していく子どもたちの「知能」を数値化し編年で把握していたことがわかる。

その背景には、一九五〇年から九六年に神奈川県の中学校で実施されていた「アチーブメント・テスト」（以下、ア・テストと略記）の影響もある。七三年には、高校選抜時の評価における調査書、ア・テスト、入試の比率が五〇％、二五％、二五％となり、ア・テストは二年生だけの実施となっていたが、[10]ステパノ中学校でもほとんどの子どもたちが高校進学を目指していて、学園から徒歩圏にある大磯町立大磯中学校に出かけてア・テストを受けていた。[11]表10の「第十回卒業生名簿一覧表」からわかるように、七一年三月にステパノ中学校を卒業する五人の混血児のうち、企業系の工手学校への進学・就職のAと、英語の専門学校へ進学するD以外の三人は、近隣の高校への進学を決めている。大磯中の生徒と同様にステパノ中の混血児たちにとっても、高校進学という選択は、一定程度、日本社会への包摂ないし企業社会のより中心へのルートだったといえるだろう。

注目すべきは、ステパノ中学校がこうした進学熱の一方で、小学校六年生クラスと合同実習をするような、学園縦断的な「特別クラス」（通称Sクラス）を、最上級生が中学二年になった一九六〇年から設置していた点である。[12]当時、ステパノ中の担任で数学教師だった池沢登志美氏によれば、Sクラスには学習進度が大きく遅れている子、学園内外でトラブルを起こした子、知的障害をもつ子などが入っていたという。[13]六七年十月からSクラスは家庭科室で授業をおこなっていく[14]が、池沢氏によればSクラスは八〇年代後半まで設置されていたようである。具体的なカリキュラムは残存しておらず、時期は下るが「学校日誌　一九八二年度　中学校」には、Sクラスが「グランド溝掘り」を実施したという記事[15]や「Sクラスは三・四時限職業実習カップケーキ作り」という記事[16]などが見受けられる。

以上のように、ステパノ中学校でも日本社会への包摂ルートとしての進学への志向が高まり、そ

表10　ステパノ中学校第10回卒業生の進路

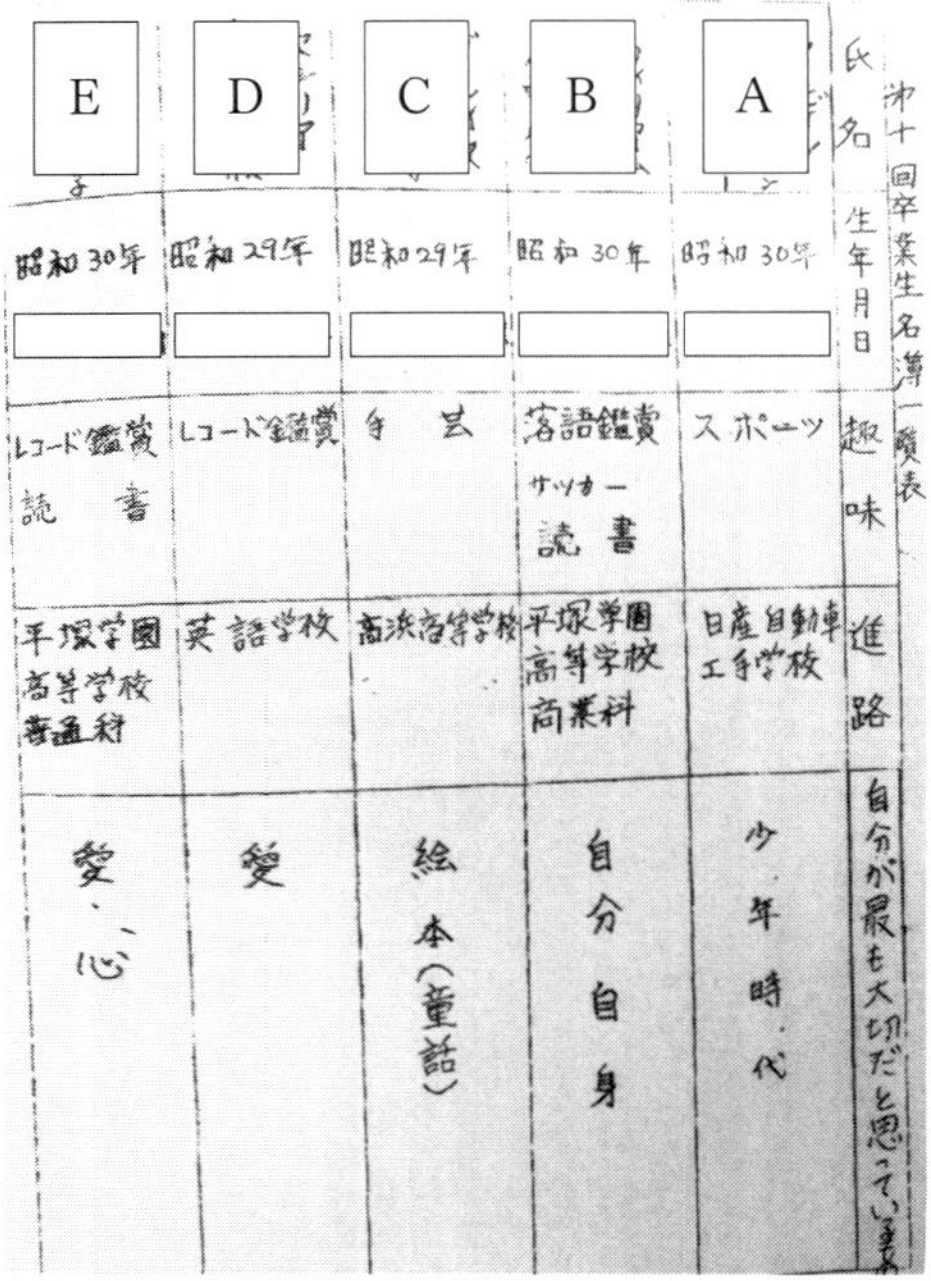
第十回卒業生名簿一覧表

氏名	生年月日	趣味	進路	自分が最も大切だと思っていま
A	昭和30年	スポーツ	日産自動車工手学校	少年時代
B	昭和30年	落語鑑賞 サッカー 読書	平塚学園高等学校商業科	自分自身
C	昭和29年	手芸	高浜高等学校	絵本(童話)
D	昭和29年	レコード鑑賞	英語学校	愛
E	昭和30年	レコード鑑賞 読書	平塚学園高等学校普通科	愛、心

備考：AとBは黒人系男子の混血児、CとEは白人系女子の混血児、Dは黒人系女子の混血児である（2017年11月3日午後1時半から2時間程度、神奈川県の平塚市民活動センターで実施した池沢登志美氏への聞き取りによる）

（出典：「中学校第十回卒業生文集 十字路」聖ステパノ学園、1971年3月21日、ページ番号なし〔聖ステパノ学園所蔵〕）

の一方でそこからこぼれ落ちていく子どもたちが特別クラスに入れられていったわけだが、そうした能力主義的な様相がステパノ学園で強まっていった背景には、次項でみるように、混血児たちの最後の職業選択肢と考えられていたブラジル移住が頓挫してしまった経験があった。

2　進学と就職のはざまで揺れる混血児——ブラジル農業移民という最後の選択肢

第2章で述べたように、一九六〇年前後の文部省は、混血児たちの将来の就職に関しては無策だった。それは、五〇年代後半から六〇年代前半という「集団就職の時代」にあって「金の卵」といわれ、企業社会の安価な労働力となった中学生需要[17]を文部省が当てにしていたためと推察される。これに対して、外見が異なる混血児たちを日本社会がそう簡単に受け入れないことを誰よりもよく知っていた澤田美喜が、自治と協働の仲間づくりの教育と併せて技能教育にも力を入れていたことは第3章で述べたとおりである。しかしそれでもなお、日本社会での労働のルートに乗れない混血児のために、図4にもあるように、澤田はブラジル教室を設置し、そこでブラジル移住のために、ブラジル農業技術やモールス信号技能などを十数人の混血児たちに教授していたのだった。本節では、ブラジル農業移民という混血児たちの最後の選択肢の顚末を明らかにし、貧困に抗うステパノ学園流の教育の方法の意義と限界を考えてみたい。

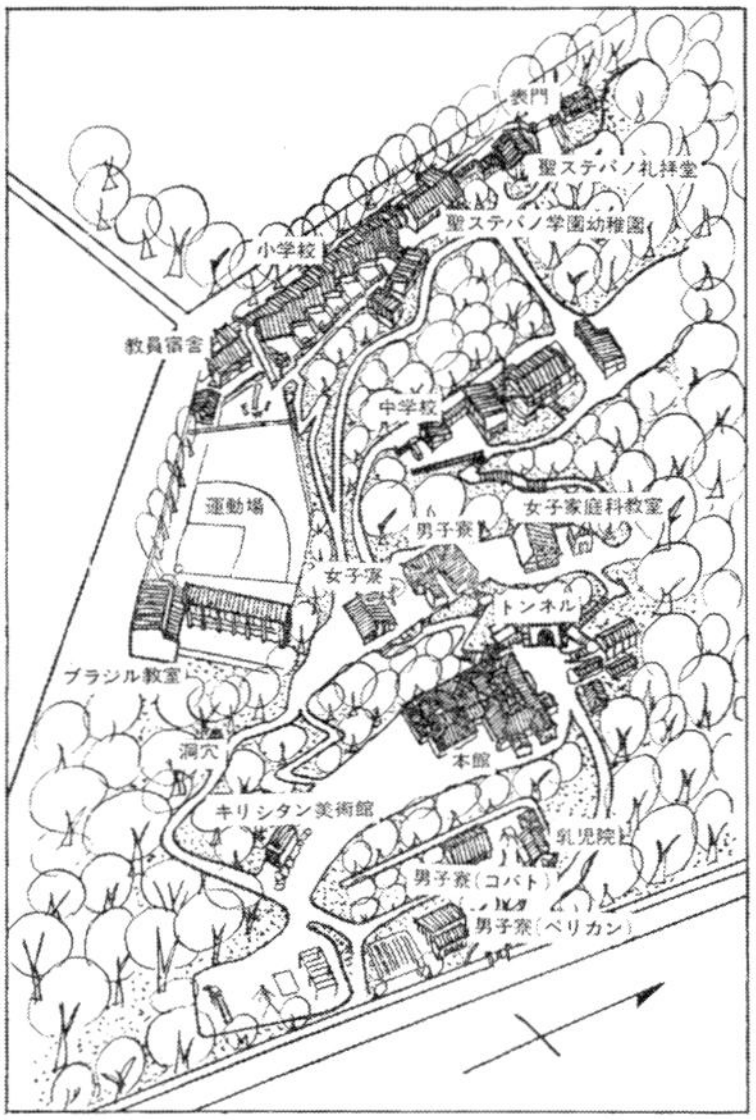

図4　ステパノ学園マップ
（出典：沢田美喜『黒い十字架のアガサ』毎日新聞社、1967年、巻頭）

日本に残る子どもとブラジルに渡る子ども

ステパノ学園中学校の第一回卒業生たちの進路を一九六二年三月の「聖ステパノ学園月報[18]」でみると、中学三年生十四人（男子九人・女子五人）のうち高校進学者は男女六人とされている。翌年の第二回卒業生は六三年三月の「聖ステパノ学園月報[19]」によれば、中学三年生十三人（男子七人・女子六人）で、そのうち高校進学者は男子二人・女子二人である。両年とも過半数には満たないものの、三、四〇％程度の高校進学者がいて、六、七〇％が就職者ないし表11に記載があるように将来ブラジルに渡る「研修生」だったことがわかる。

今日まで十六年間絶えざる御声援とあたたかなる御援助とによりまして、サンダースホームのプログラムをかざるグランドフイナーレの幕開きに、九月二日あるぜんちな丸にて六人の青年をブラジルのアマゾン河畔の聖ステパノ農園に送り出すことが出きましたことを、感謝の心をこめて御報告いたします。

過去一年この青年達に立派な移民としてのあらゆる技能資格をあたえるための実習を指導していただきました㆓々、各方面に深くお礼申上げます。

さらに多大なる貴重なる十一屯ブルドーザー、耕運機、ジープ、発電機具一式に衣料其他必要品の数々を寄附していただきましたことを感謝いたします。ブラジル政府がこの青年の壮途を祝し、その計画に賛同し、機械類にいたるまで一切の携帯品を無税入国の特典をあたえて下さいましたことも、この上もない感激です。

私共二年後これらの後につづいてホームの同じ実習を終えた青年達を伴つて私がアマゾンの地に入りますまで、どうぞ御声援御指導を御ねがい申上げます。

先は御報告と感謝まで。

昭和三十八年九月

社会福祉法人　エリザベス・サンダース・ホーム
学校法人　聖ステパノ学園
理事長　澤田美喜

写真28　ステパノ学園後援者への礼状
（出典：聖ステパノ学園所蔵）

前述のとおり澤田は、一九六一・六二年度に計二十七人の中学校卒業生を送り出していたが、六三年十月時点にあっては、前章でも述べたように、「音楽に才能のある子」や高校で「良い成績をあげて」いる子などは「日本に残る子」とし、それ以外の子どもたちをブラジル移民にすることを自著で示唆していた。[20] 実際にブラジルに渡った最初の混血児たちは、六五年七月二日に横浜を出帆した七人の男子で、[21] 澤田がいう「日本に残る子」には、すでに就職した子どもたちも数多く含まれていた。七人という数が多いかどうかは判断しがたいが、ともあれ、この移民が澤田にとって大きな意味をもっていたことは、六三年九月に先発の開拓団として全国各地からの志願者六人による青年隊（拓殖大学・日本大学・立教大学出身）[22] を送り出した際に、澤田が学園の後援者たちに送付した礼状（写真28）の内容からも明らかだった。

　澤田美喜の教育実践にとってブラジル農業移民は「グランドフイナーレ」であり、そのことは表11からわかるように、一九五〇年代後半に比べて、六五年十一月時点でのス

表11　1965年11月時点のステパノ学園の児童数・職員数

聖ステパノ学園月報　一九六五・十一月

一、児童在学状況

計	女	男	
3	2	1	1学年
2	0	2	2学年
4	2	2	3学年
6	4	2	4学年
5	1	4	5学年
8	2	6	6学年
28	11	17	小　計
7	1	6	中　1
9	2	7	中　2
10	1	9	中　3
26	4	22	小　計
54	15	39	合　計
10	6	4	幼稚部
64	21	43	総　計

ホーム児童在籍状況（ステパノ学園在学生も含む）

計	女	男	年齢
9	3	6	乳児
9	5	4	2歳
6	2	4	3歳
4	1	3	4歳
3	2	1	5歳
3	3	0	6歳
1	0	1	7歳
3	1	2	8歳
7	3	4	9歳
2	2	0	10歳
8	4	4	11歳
6	0	6	12歳
4	1	3	13歳
13	4	9	14歳
10	2	8	15歳
10	2	8	16歳
3	2	1	17歳
7	4	3	18歳
108	41	67	総　計

園外児童状況（一六歳以上高校在学生並にブラジル移住のための実習、研修生）

男子一七名　女子一九名　三六名

昭和四十年度第一回ブラジル移住者　六名

合計　四二名

二、職員状況

1	事　務
12	教　師
12	講　師
1	看護婦
2	使　丁
1	医　師
29	計

備考：ここには「第一回ブラジル移住者　六名」とあるが、既述のように当初は7人としていた（同月報1965年7月号）

（出典：「聖ステパノ学園月報」1965年11月号、聖ステパノ学園〔聖ステパノ学園所蔵〕）

テパノ学園在籍者数が減少している、すなわち養育を必要とする混血児が減っていることにも裏打ちされているだろう。しかし、次節で詳述するが、七〇年代を通じて数は少なくなっていったとはいえ、アメリカ兵を父とする混血児は少なくとも八〇年代前半まで在籍していて、にもかかわらず、その混血児たちはブラジルに移住していない。

第一回入植（一九六五年）では、ステパノ中の六一年から六四年度卒業生四十二人[23]のうち七人の男子がブラジルに渡ったのだが、第二回入植（一九六六年）は男子三人だけであり、これをもって入植事業は打ち切られている。それはなぜか。以下、考えてみたい。

入植の動機と経緯

エリザベスサンダースホーム・聖ステパノ学園常務理事の有賀千代吉が一九六五年八月に記した「聖ステパノ農場設立まで」の経緯に関する記録冊子では、設立の「動機」を次のように説明している。

> 動機
> サンダース・ホームの理事会の席上に於いて澤田園長が将来ホームの子供達を南米に連れていつて、そこで自由に活動させたい、と発言したのは、一九六一年の始めの頃であつた。然しその席上に於て、園長のこうした考え方には必ずしも全員が賛成ではなかつた。「日本人なんだから、混血児といつても数少ない者を、日本で生活させる事が出来ないなんて、ホームの恥です」という様な意見があつたからである。然し園長はその頃已に、彼等の社会に於ける希望をきいて居た。そして日本で混血児の生活の困難さを知つて居て、敢て此の提案をしたのである。

一九五三年、園長は南米に飛び、日本人によつて已に開拓され或は開拓されている二十四の南ブラジルに属している植民地を訪ねて、ホームの子供達の為の適当な土地を探した。更に一九六〇年、六一年、六三年、六四年と訪ねた結果、現在トメアスーに於ける三百五十ヘクタールの土地を購入したのであつた。[24]

ここでまず注目したいのは、南米移住案が理事会では全員賛成ではなく、学園が日本社会で存在

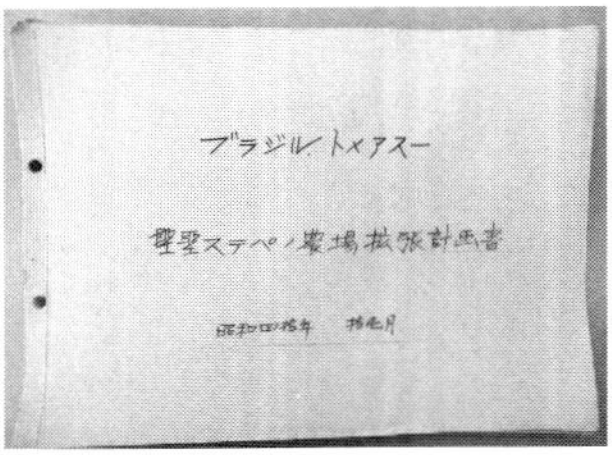

ブラジル トメアスー

聖ステパノ農場拡張計画書

昭和四十年 十一月

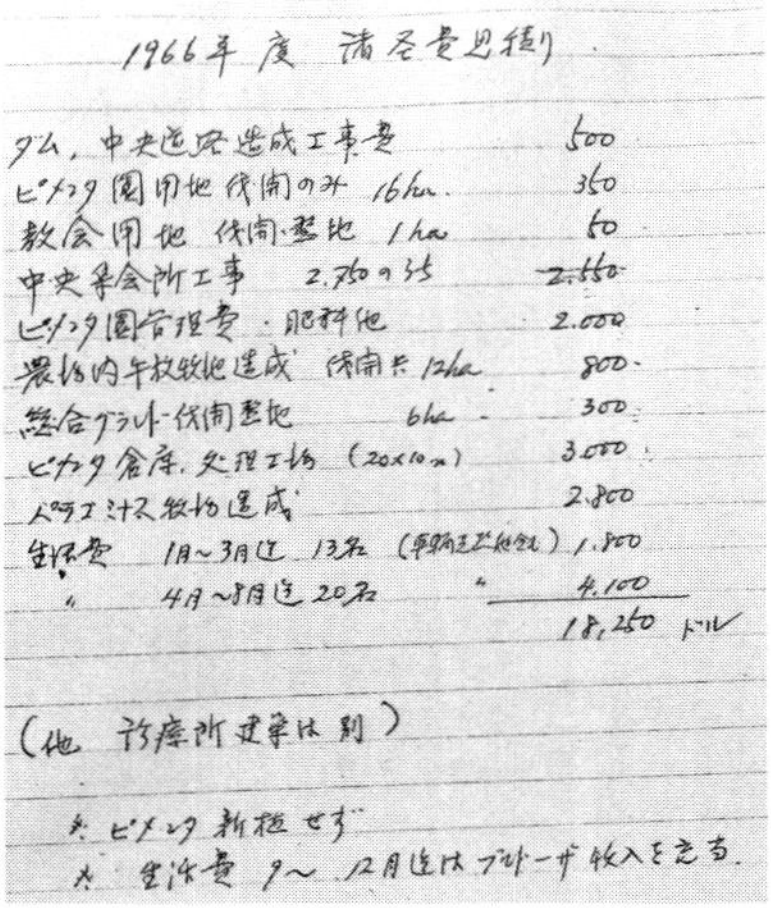

1966年度 諸経費見積り

ダム、中央道路造成工事費	500
ピメンタ園用地 伐開のみ 16ha.	350
教会用地 伐開・整地 1ha	50
中央集会所工事 2,750の35	2,550
ピメンタ園管理費・肥料他	2,000
農場内牛放牧地造成 伐開共 12ha	800
総合グラウンド伐開整地 6ha	300
ピメンタ倉庫、処理工場 (20×10m)	3,000
パラエミナス牧場造成	2,800
生活費 1月~3月迄 13名 (車輌ガス他含む)	1,800
〃 4月~8月迄 20名 〃	4,100
	18,250 ドル

(他 診療所建築は別)

※ ピメンタ新植せず

※ 生活費 9~12月迄はプロドゥーザ収入を充てる.

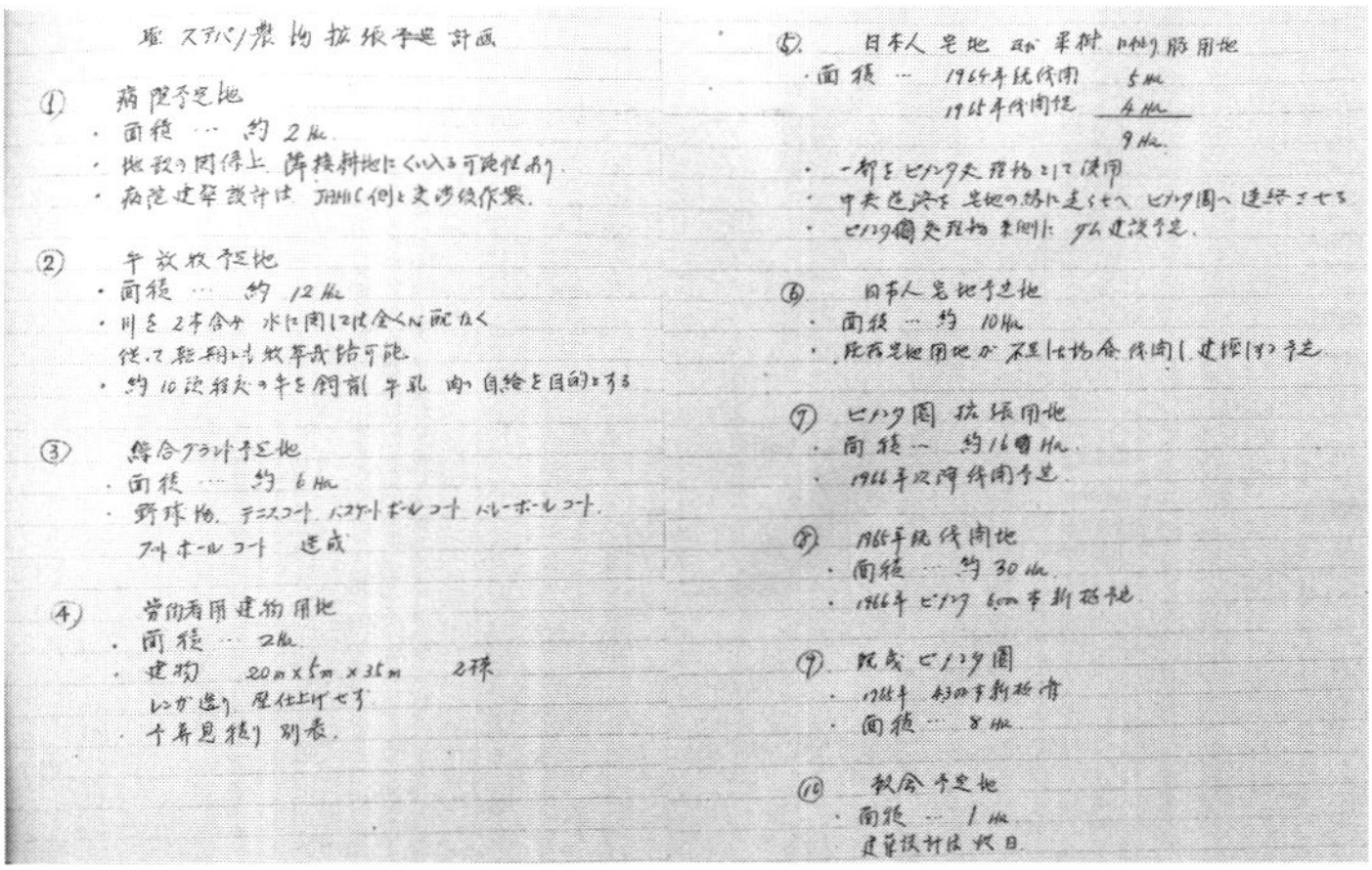

聖ステパノ農場拡張予定計画

① 病院予定地
・面積…約2ha.
・地形の関係上 隣接耕地にくい入る可能性あり.
・病院建築設計は JAMIC側と交渉後作業.

② 牛放牧予定地
・面積…約12ha
・川を2本含み 水に関しては全く心配なく
従って乾期にも牧草供給可能.
・約10頭程度の牛を飼育し 牛乳 肉の自給を目的とする

③ 総合グラウンド予定地
・面積…約6ha
・野球場、テニスコート バスケットボールコート バレーボールコート、
フットボールコート 造成

④ 労働者用建物用地
・面積…2ha.
・建物 20m×5m×35m 2棟
レンガ造り 壁仕上げせず
・予算見積り別表.

⑤ 日本人宅地 及び 果樹 [illegible] 用地
・面積… 1964年既伐開 5ha
1965年伐開後 4ha
9ha.
・一部をピメンタ処理場として使用
・中央道路を宅地の横に走らせ ピメンタ園へ連絡させる
・ピメンタ園処理場裏側にダム建設予定.

⑥ 日本人宅地予定地
・面積…約10ha
・既存宅地用地が不足した場合伐開し建設する予定

⑦ ピメンタ園拡張用地
・面積…約16ha
・1966年以降伐開予定

⑧ 1965年既伐開地
・面積…約30ha
・1966年ピメンタ 6,000本新植地

⑨ 既成ピメンタ園
・1964年 4,300本新植済
・面積…8ha

⑩ 教会予定地
・面積…1ha
建築設計は後日.

写真29 「ブラジル トメアスー 聖ステパノ農場拡張計画書 昭和四十年 十一月」
（出典：聖ステパノ学園所蔵のブラジル関係ファイル所収）

写真31　ステパノ農場の入り口に立つ澤田美喜
（出典：同記事22ページ）

写真30　横浜港から出向するステパノ学園第1回ブラジル農業移民の様子
（出典：影山智洋「ブラジルに新天地をひらく――エリザベス・サンダースホーム二十年の夢」「アサヒグラフ」1965年11月12日号、朝日新聞社、20ページ）

写真33　ステパノ農場の住居
（出典：同記事24ページ）

写真32　ステパノ農場への荷物の搬入
（出典：同記事22ページ）

写真34　ステパノ農場の集会所兼食堂（左奥）と倉庫など
（出典：同記事25ページ）

している以上、混血児たちを「日本で生活させる事が出来ないなんて、ホームの恥」ではないかという意見があった点である。

前章で述べたように、澤田自身も日本社会での教育―労働の接続を学園教育の基軸に据えて、技能教育に力点を置いていたのだが、それでもなお日本社会からこぼれ落ちて排除されてしまうだろう混血児が生じてしまうことを、すでに一九五三年段階、つまりステパノ小学校を開校した段階で認識し南米移住に向けて行動を起こしていたのだった。その行動は迅速で、理事会の時点で入植の希望を混血児たちに聞いていたというのだ。どのような希望調査がおこなわれたかを示す資料は残存していないが、入植者が九人の男子だったことを考えると、当面は男子を入植させ、軌道に乗った段階で女子を渡伯させようとしていたと考えられる。そのことは写真29の「ブラジル トメアスー聖ステパノ農場拡張計画書 昭和四十年 十一月」にあるように、農地や住宅地だけではなく、病院やテニスコートなどを含む自立したコミュニティとして計画が立てられていたことからもわかる。六五年の第一回入植の様子は写真30から34のとおりである。しかし次項でみるように、こうした理想は途中までしか実現できなかった。

入植打ち切り後の混血児たち

前述のように、ブラジル農業移民は一九六六年の第二回入植をもって打ち切られてしまう。理由はいくつかあるが、当時をよく知る現ステパノ学園長の小川正夫氏によれば、ひとつには、隣接する日系移民開拓地の住民と良好な関係が築けなかったことにあるという。(25) 図5からわかるように、

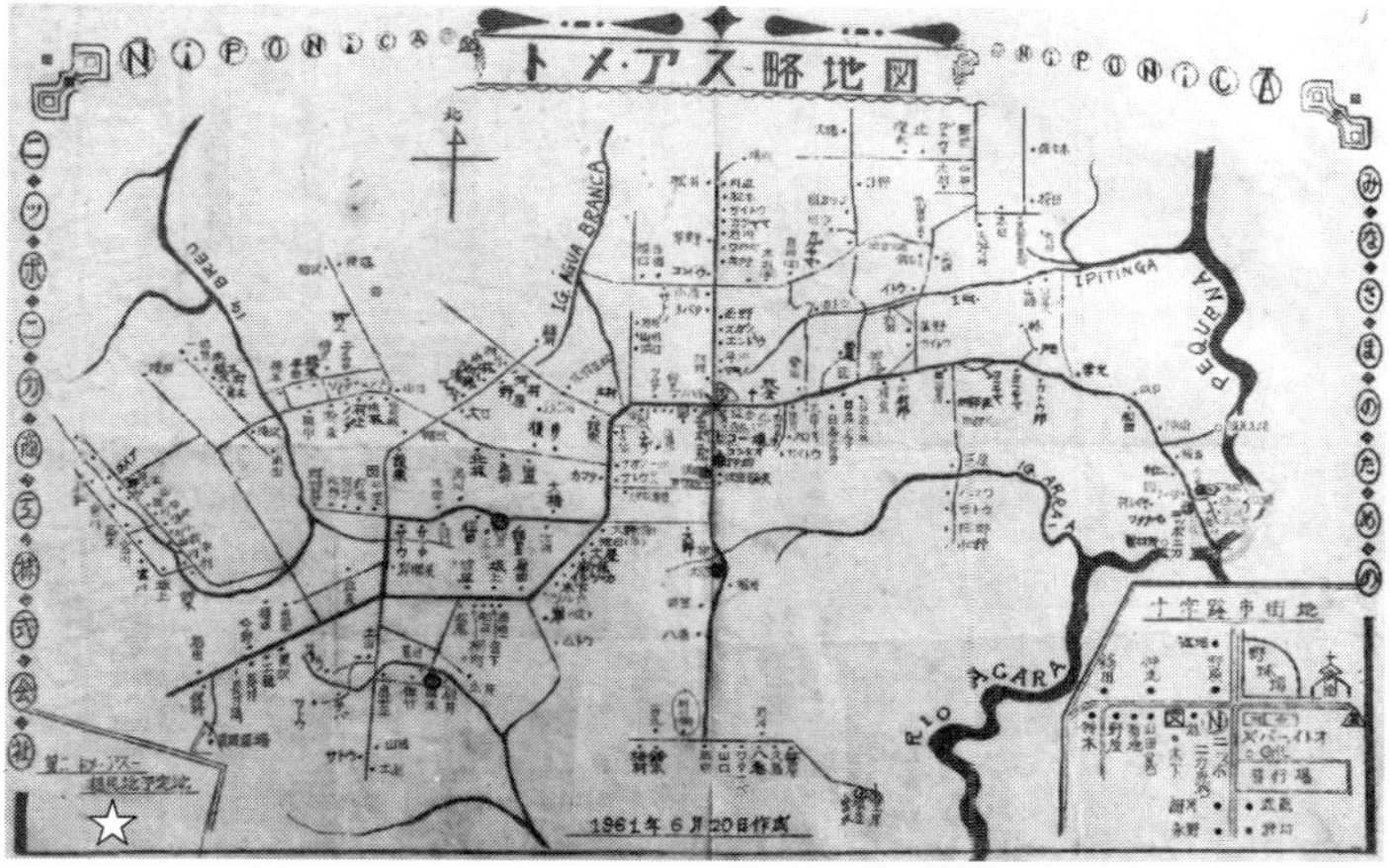

図5　ステパノ学園の入植予定地「第二トメアスー」に隣接する1920年代以来の日系移民開拓地「トメアスー」の略地図
備考：☆印の場所が入植予定地で「第二トメアスー植民地予定地」と記し、1961年6月20日作成とある
（出典：聖ステパノ学園所蔵）

ステパノ学園の混血児たちが入植したブラジルのパラー州トメアスーには、二〇年代以来の日系移民開拓地があり、すでに大きなコミュニティが形成されていた。この隣に入植したステパノ学園の混血児たちは、写真35にあるように、澤田美喜と縁が深い三菱重工業から開墾のためのブルドーザーやトラクターをはじめとした農耕機械を寄贈されていて[26]、そうした厚遇が既存の日系移民たちとの間に溝をつくってしまっていたようだと小川氏は回想している。写真29の「一九六六年度 諸経費見積り」下方の備考欄に、同年度の「生活費九～十二月迄はブルドーザ収入を充当」と記載されているように、三菱から寄贈された重機は、隣接する既存の日系移民たちに有料で貸し出されていたのだった。新参者・重機貸与者／古参者・重機借用者というねじれた関係

Since 1952, I have made 13 world trips, and finally, I have been fortunate to find a place where the children can live freely and happily, with their chins up. We have acquired 350 acres of wilderness on the banks of a branch of the River Amazon. I have travelled there four times preparing for the first Christian colony to be built in the area. In 1963, nine young men, who are members of our Church, volunteered to pioneer this jungle. In the same zone there was already a colony of some 2000 Japanese who had built a most promising pimiento plantation and industry. Ever since our boys saw the nine volunteers sail from Yokohama, their minds have been set in the direction of Brazil.

Within less than a year, the nine settlers opened up 20 acres of jungle land and built three houses, seven native bungalows and four cottages for married couples. They planted 130 banana, 100 coconut trees, 120 mango trees, 100 pineapple plants and 10 huge royal palm trees along the driveway to the main entrance. Three rice crops a year have been found possible also.

We welcomed at our colony in Nov. 1964, our first minister, and built our House of Worship with our own bare hands. And now their big day, the day of departure

写真35　ステパノ学園からのブラジル農業移民の労働の様子
（出典：前掲「ELIZABETH SAUNDERS HOME」）

が両者の間に軋轢を生んでしまったといえるだろう。

もっとも、それだけが入植打ち切りの理由ではない。前述のとおり、第一回入植（一九六五年）では七人の男子がブラジルに渡ったが、「農業不適格」とされてサンパウロに出てバーテンに転職したり、あるいは先発の六人の開拓団青年とうまくいかなかったりして転職するなど、一年半で三、四人が農場を去ってしまっていたのである。[27] そして第二回入植（一九六六年）は男子三人だけであり、これをもって入植事業は打ち切られている。

先発隊の青年たちが一九六五年に書いたと推察できる「誓い」の文章では、「せまい日本、そして人口の多い日本、そこは私共を育ててくれた国ではあるが、私共の生活を楽しく、広く支え、明るい未来を約束してくれることからは可なり遠く離れて」いて、そのためにブラジルの地で混血児たちとともに「楽園」を建設することを宣言していた。[28] しかし、そのような青写真は途中までしか実現できず、その後、ステパノ学園の混血児たちは日本社会での進学・就職という「未来」だけを目指していくことになる。

しかしその一方で、澤田美喜の死を追悼する一九八〇年五月十三日付「読売新聞」朝刊の記事[29]が、ブラジルに開園した「聖ステパノ農園」が、いまは「送り込まれた子どもたちに分譲されて、立派な収益を上げている」と報じているのも事実である。また同紙は、「現地の女性と結婚後農場経営をあきらめ、ブラジル航空のスチュアードに転進し」た青年の事例も紹介している。前章でみたアガサやメリーの自己決定の末路と単純に比較はできないが、ともあれ、ブラジルに農業移民した混血児たちが必死にブラジル社会で生き抜いていたことは確かだろう。

能力主義的な日本社会を生き抜くために、ステパノ学園では、企業社会への包摂のルートとして技能教育に力を入れ、さらにそこからもこぼれ落ちていく生徒を対象としたブラジル農業移民を実施したが、結果的に「楽園」の夢は頓挫してしまった。とはいえ、第3章で詳述した自治と協働の仲間づくりの教育で培ったであろう臨機応変なコンピテンスともいうべき実力は、ブラジルに渡った混血児のなかに少なからず生き続けていたといえるだろう。以下では、一九七〇年代の日本社会にあって、ブラジル移民策が終息してしまったのちのステパノ学園の混血児たちがどのように生き抜いていこうとしたか、そしてそれを自治と協働の仲間づくりの教育がどう支えようとしていたかを考えてみたい。

3　高度経済成長の喧騒を超えて——日本社会へのいくつかの包摂パターン

本節では、移民打ち切り後のステパノ学園の混血児たちの進路について、彼ら彼女たちがいかに思い悩み決断を下していったかを、先にみた表10の混血児たちの事例から具体的に検討してみたい。

企業社会に挑む黒人系男子の混血児

まず表10の黒人系男子の混血児Aについてみてみよう。彼は一九七一年三月発行の卒業文集で、自分の中学校生活を次のように振り返っている。

三年間をふりかえって　A

三年前、小学校を卒業して、希望にむねをふくらませ、中学生になりました。もうその中学校も卒業する時が近づいて来ました。しかし、この三年間は、入学する前の想像にくらべると、そんなにたのしい事ばかりでもなかったように思えます。一年もおわろうとするとき、同級生がひとりへりました。母のもとへかえったそうですが。この年の夏に念願だった心臓の手術をうけられました。このためにそれまで休んでいた体育の授業にもでられるようになり、他の人と同じ事が出来るようになりました。ただ夏休みがなく学校を休んだ事は、すこし残念だった気がします[30]。

このように、中学一年生の途中で友達一人が母に引き取られて学園を去った、そのことを寂しさの念をにじませながら語り、その一方で「念願だった」心臓病の手術を受け一応の健康を手にしたことを、その喜びを隠しながら淡々と語っている。結果として、表10のとおりAは日産自動車工手学校への進学・就職を決めていて、それは少なからず心臓病の手術が成功したおかげと推察される。当時担任だった池沢登志美氏は、この手術はかなりの大手術だったと述懐している[31]。

心臓病の大手術を受けるなど病弱であり、かつ黒人系の混血児であるという、いわば二重の弱者性を有していたAだが、実のところ彼は同じ卒業文集で、これから飛び出していく日本社会に対して、次のような批判的「主張」を繰り広げていた。

主張　A

資本主義、社会主義の考え方はこまかい事をぬかして、だいたいわかっているつもりなので、僕の考えるこれら世界への批判、新世界の建設などを書きたいと思います。資本主義は多国がとっている政治形態です。そして多くの人が支持している考えです。「自由」を表題としているけれど、その「自由」のうらには、弱肉強食的な自由競争・生産過剰・恐慌、倒産・失業・公害、これらのものは大部分が、自分の利益だけを考えている資本家が原因を作っていると思います。表では、国民のため、労働者のためといっていますが、心の内では、自分の事、会社の利害だけを考えているのです。ここから貧民階級の増加、社会不安なども生まれてきます。（略）しかし国民は平等なのです。男・女、白人・有色人、政治家・庶民、これらの間にへだたりをつくってはならないと思います。（略）
『人間は皆　平等』[32]

彼の眼前にある、高度経済成長も終局にさしかかり、いわゆる公害列島とも呼ばれた日本社会の歪みを率直にえぐり出す主張であり、病弱であり混血児であるAの眼から見て「白人・有色人」の格差だけではなく、男女間の格差、雇用者・労働者間の格差が大きいことを語っている。ステパノ学園の卒業を目前に控えた黒人系男子混血児のひとつの自己実現のあり方、ひいてはそれを通じた社会関係の変革への志向性を示す主張といえる。企業系の工手学校に進学して技術系の労働者への道を歩んでいくAにとって、日本社会は雇用問題や福祉問題などさまざまな局面で変革を要する場と映っていたのであり、だからこそ究極的には「人間は皆　平等」という精神に立ち返るべきだと主張しているのだろう。

高校進学する白人系女子の混血児

前項では企業社会に挑む黒人系混血児の決意をみたが、次に学歴社会に挑む白人系混血児の決意をみてみたい。隣の平塚市の神奈川県立高浜高等学校に進学する白人系混血児の女子生徒C（前掲の表10を参照）は、卒業文集で「自分を賭ける」と題してその苦悩を次のように語っている。

自分を賭ける　C

私は何に自分を賭けているか、これから先何に賭けるのか考えた事もないし、自分にそんな仕事が見つけられるかどうかわかりません。わたしの毎日はただ何となく過ぎて行くし、私自身それを知っていつもどうにかしようと思わないのだからしかたがありません。仕事にしても学業にしても競争の激しい世の中で、私は自分が今まで何をしていたんだろうと思います。私は激しく流れる川の岸にいつもぼんやりしていたのではないでしょうか？　わたしの回りには川を下って来たすべすべした石がたくさんあっても、私は川を下らないまだゴツゴツした石だったんです。この頃、私はやっと石の一角が丸くなってきたような気がします。中学を卒業し高校へ通うようになるとやっと私も川の流れに巻きこまれて、だんだんとすべすべになるような気がします。ですから、私自身を開拓しなければならないような気がしてきました。そう、私はまずそれに賭けてみます。まず私自身を開拓するために賭けて見ようと思っています。[33]

先にみた黒人系混血児の男子生徒Ａの「主張」と比べると、ただ時流に流されてきた自分が高校に進学することで成長していけると期待しているように読め、一般的にみられる進学前の心の揺れのようにも解釈できるかもしれない。ただ、ここで留意したいのは、ステパノ学園の子たちが幼稚園―小学校―中学校とほぼ同じメンバーのなかで育ってきていて、高校進学ではじめて日本人のなかで学ぶことになる点である。ここでいう「川」が日本人の社会＝日本人の生徒集団のメタファーであると考えれば、Cがそこで「すべすべになるような気」がすると言っている意味は重いといえる。混血児である個性＝角がとれて丸くなり、日本人に同化していくことを示唆していると考えられるのである。

他方、私立平塚学園高等学校に進学する同じく白人系混血児の女子生徒E（前掲の表10を参照）も高校進学を前にして右記のCと同様に「自分を賭ける」と題して心の内を語っているのだが、彼女の場合、Cとかなり「賭け」方のニュアンスが異なっている。

自分を賭ける　E

私が高校進学を決意した理由の一つに自分の力を試してみたいと言うのがあります。最初私は一日も早くこの窮屈な団体生活から逃れてしまいたい、と思っていました。社会に出たところで団体生活とそう違いはありませんけれど、でもギリギリになってようやく気付きました。たった三年間我慢出来なくてどうするんだろう。こんな簡単な事が出来ないようじゃ仕様がないんじゃないか、これぽっちの事でぐちを言ってる様じゃ、社会に出ても何にも出来ないんじゃないかって、だから私は、これからの三年間に、自分を賭けてみる事にしました。自分の力がどれ位か知る為に……。(34)

このように、Eにとってステパノ学園での教育経験は「窮屈な団体生活」だったのであり、同様に平塚学園での三年間もそうなることが予想され、でも、それ「ぽっちの事」を乗り越えられるか

「自分の力」を試し「自分を賭けてみる」という。先にみたCと異なり、進学をかなり冷めた視点で捉え、かつ、ステパノ学園での生活を否定的に捉えている。混血児のなかには、前章でみたような自治と協働の仲間づくりの教育に息苦しさを感じていた者もいたのであり、そのことが卒業を前にして吐露されているのは興味深い。彼女はさらに次のような詩を文集に記している。

ピエロ　E

ピエロ・・・・・
自分の意志のない
可愛想な人
いつも他人に支配され
他人のいうがままになっている
笑え　と言われれば笑い
泣け　と言われれば泣く
何を見ても何も感じず
何を言われても何とも思わない
感情のない悲しい人
自分が今何をしているのか
自分が何の為に生きているのか

それすらわからない
　哀れなピエロ(35)

この「ピエロ」という表象には、「窮屈な団体生活」のなかでの級友やE自身がオーバーラップしているようにみえる。しかしながら、以上のように一歩引いた感があるEではあるが、次のような短歌も卒業前に詠んでいたのだった。

我が心　素直ならざり　悲しみに
　恥しのびつつ　去りゆく学び舎
夏の日に　ムシとたわむれ　傷つくり
　ついに泣きだす　幼かりし日(36)

前者では、本音の部分ではステパノ学園を去ることが寂しいといい、後者では、幼少のころに虫取りをして痛い思いをして涙した経験が生き生きと思い起こされている。まるで、卒業を前に「素直」になれない自分を幼少期の自分に託して涙しているかのようである。進学前に強くあろうとこれまでの学園生活を切り捨てたかのようにもみえたEだったが、幼稚園から数えれば十年以上に及ぶ学園生活を単に「窮屈な団体生活」と一蹴することはできなかったのであり、むしろ学園生活での自分の至らなさを省みている様子が「恥しのびつつ」という文言からは感じられる。

同化を切り崩すヨコのつながり

右で述べてきたような、それぞれに個性的で将来への希望や不安のなかで揺れ動く卒業生たちに、担任の池沢登志美氏は次のようなはなむけの言葉を卒業文集で投げかけていた。

> 今年は第十回目の卒業で卒業番号は丁度百番より始まり、何か一つの区切りをつける役目を与えられているような気持ちがします。中学校での三年間は一生の基礎を作る大切な時代であったし、又これからの数年もあなた達の上に最も大切な時期であると思います。孤独にひたりがちな頃で、淋しいと思う気持ちが強いのかもしれません。けれども淋しさをまぎらわす為に色々の誘惑に負けそうになっても、自分自身を粗末に扱うことなく、心を開いて素直にまわりの方々に相談出来る明るい人でいて下さい。（略）ホームの中で苦しみや、楽しみを共にした仲間は、学園を巣立って後も、友情が消されることはなくお互いにはげまし合ってよき方向に進まれる事を望みます。[37]

ここで池沢氏がいう「淋しさをまぎらわす為に色々の誘惑に負け」て自分を「粗末に扱」わないようにという言葉の背後には、前章の第２節でみた、消費社会の欲望にのみ込まれて男性との性的関係におぼれてしまったアガサやメリーの事例が見え隠れしている。そして池沢氏に、「誘惑」に負けそうになったときには、まわりの人間に相談したり、苦楽をともにしたステパノ学園の「仲間」と支え合うようにというメッセージを送っている。終局を迎えていた高度経済成長期の喧騒のなかを決して一人で生き抜こうとせず、何よりも助けてくれる人間や仲間とのつながりを大切にしてほしいことを訴えているといえるだろう。

その仲間とは、本章でみてきたとおり、企業社会の不平等を自覚しながらそれに挑もうとする黒人系混血児Aであり、学歴社会のルートに乗りながら、そこに混血児としての自己を同化させるか、あるいはそこで自己の能力を試してみるかで揺れ動く白人系混血児のCやEであり、日本社会への包摂のされ方はそれぞれ異なるとはいえ、いずれも自己の将来に不安を抱えながら、それでいて「自分を賭けて」いこうともがいている十年来の学友たちである。池沢氏は、そうした「友情」は成人したのちも長く続き、現在に至るものも少なくないと証言している。[38] このように人生に思い悩む者同士のつながりには、企業社会の下での一元的な能力尺度による序列化といった、日本社会への同化を内側から切り崩す契機が潜んでいるといえないだろうか。次節では、そうした同化に抗する契機が、一九七〇年代のステパノ学園の教育実践のなかでどう息づいていたかを明らかにしたい。

4　周縁化された子どもたちの出会いの場として——ステパノ学園の実践

本章の前半でみたように、ステパノ学園では、日本社会の能力主義からの影響や移民策の厳しい現実を受けて進学熱が高まり、能力主義的な教育が強化されていった。そうした高度経済成長期の新しい能力主義の傾向は、たとえば、学習進度が大きく遅れている子や知的障害をもつ子などをメンバーとした特別クラスに対して「スペシャル組はいつまでたっても同じ」だから「らくだいの方がもっとよい」というイメージを子どもに抱かせてしまうことも多かった(39)ようだが、ここでは、そうした分断化傾向を乗り越えるようにして実施されていった、新たな弱者同士の連帯性強化のための精力的な実践を検討したい。

既存の混血児と一九七〇年代に新たに周縁化された子どもたちとの出会い

児童養護施設エリザベスサンダースホーム内に設置されていた乳児院が一九七〇年に廃止されたのに伴い、表12・13からわかるように、ステパノ小学校にも七五年ごろから、児童相談所経由でサンダースホームに入所した子どもなど、日本人のいわゆる「恵まれない子」が増えていく。とはいえ乳児院廃止後も、七二年三月時点で澤田美喜が雑誌上で語って(40)いるように、ベトナム戦争（一九六〇―七五年。六五年からアメリカの北ベトナム爆撃開始、アメリカ軍の撤兵は七三年春）によってアメリカ兵が日本に増え「妊娠させて帰っていく」と、「混血児を預けに」その母親がホームにやってくるという。同誌で「白い子は基地にもらわれてゆくけれど、黒い子はね」と澤田が嘆いているように、このころのホームには主に黒人系混血児が預けられたようで、またその一方で、知的障害をもつ日本人の子や、親が蒸発してしまった日本人の子なども受け入れていたという。

そのことは表13からも確認される。一九七二年の一年生の数が前年度の二倍になっているのは明らかにベトナム戦争の影響である。六五年二月にアメリカが北爆を始めてベトナム戦争に積極的に

表12　エリザベスサンダースホーム入所者数（1990年3月31日時点）

入所延人数　1,322人	内、混血児数　559人	内、国際養子　297人

備考：1990年時点で「日本人」の入所延べ数は466人。ホーム内の乳児院は70年度に廃止。
「主婦の友」1978年8月号（主婦の友社）では、喜寿を迎える澤田美喜を顕彰する取材記事「人間ドキュメント　混血孤児を育てて三十年　エリザベス・サンダース・ホームの園長　沢田美喜」を掲載しているが、そこでは、「混血児こそ少なく」なったが、「沢田さんは、いまも」「三十年前と同じように、恵まれぬ子どもたちの母親役を務めて」いると報じている（121ページ）
（出典：パンフレット『社会福祉法人 児童養護施設 エリザベスサンダースホーム』1990年〔聖ステパノ学園所蔵〕）

表13　1968—83年度ステパノ学園小学校在籍児童数推移

1968年度	1969年度	1970年度	1971年度	1972年度	1973年度	1974年度	1975年度
1年 7人	1年　7	1年　6	1年　6	1年　12	1年 7	1年 2	1年 不明
2年 0人	2年　6	2年　6	2年　6	2年　5	2年 10	2年 6	2年 不明
3年 3人	3年　0	3年　6	3年　6	3年　5	3年 3	3年 8	3年 不明
4年 3人	4年　3	4年　0	4年　5	4年　5	4年 6	4年 3	4年 不明
5年 4人	5年　2	5年　3	5年　0	5年　5	5年 5	5年 6	5年 不明
6年 4人	6年　4	6年　2	6年　3	6年　0	6年 4	6年 5	6年 不明
1976年度	1977年度	1978年度	1979年度	1980年度	1981年度	1982年度	1983年度
1年 16	1年 7	1年 8	1年 5	1年 5	1年 2	1年 7	1年 1
2年 17	2年 16	2年 8	2年 9	2年 8	2年 8	2年 3	2年 7
3年 2	3年 16	3年 15	3年 8	3年 10	3年 9	3年 10	3年 2
4年 6	4年 2	4年 16	4年 15	4年 8	4年 10	4年 11	4年 11
5年 5	5年 6	5年 2	5年 17	5年 14	5年 9	5年 10	5年 11
6年 4	6年 4	6年 6	6年 2	6年 18	6年 16	6年 10	6年 11

備考：網かけ部分の年度は、混血児だけを主な入所対象としていたサンダースホームの経営方針が緩和され、ホーム内の乳児院が廃止された1970年度前後を境として、ホームに児童相談所経由の在籍児童が増えていき、そうした状況がステパノ学園に明確に反映されてきた時期にあたる
（出典：「出席簿綴」から作成〔聖ステパノ学園所蔵〕）

写真36　相模総合補給廠でのM113兵員輸送車とM48戦車の走行テストの様子（1972年ごろ）
備考：同書のキャプションによれば、騒音・振動や土ぼこりなどが大きな問題になっていたという
（出典：前掲『相模原市史 現代図録編』81－82ページ）

介入していくことで、写真36の相模総合補給廠の様子からもわかるように、神奈川県のアメリカ軍基地はフル稼働していく。七二年度の一年生が年度を追って漸次減少していくのは、澤田がいうように基地にもらわれていく白人系の子たちがいたためと推察され、他方、七六年度の二年生すなわち資料がない七五年度の一年生から入学児童が急増しているのは、日本人の「恵まれない子」がサンダースホームに増えたためであることがわかる。

さらにステパノ学園では、一九七六年六月に中国残留孤児の二世であるT・K（男子）十五歳を通学生として中学に受け入れている。(41) 担任教師だった池沢氏によれば、神奈川県の平塚市教育委員会から、日本語が話せず通える学校がないので受け入れてほしいという打診があり、澤田がそれに応じたのがきっかけだという。(42) 当時の学校日誌は、池沢氏が放課後にT・Kと一緒に、平塚市に「体育用衣服と鞄をかいに行」ったり、(43) 歯医者に連れていったりなど、(44) 親身に接していたことを記している。これに対してT・Kは、七七年三月発行の文集でまだ不慣れな日本語ながらも学園生活の喜びを次のように記している。

中国から日本へきたこと

僕は中国で生れました。僕は中国で日本へとってもいきたいでした。一九七六年二月十七日、中国撫順を出発して、北京から飛行機にのって二月二十四日の午後三時頃日本に到着しました。六月僕はこの学校にはいりました。あの時僕はとってもうれしいでした。僕はこの学校で一番幸福なのは、僕一人と先生と職員室で〔主に日本語を：引用者注〕勉強する時です。またうれしいのは、学校で休み時間と放課後の時、すもうをしたり、おもしろい話をしたり、またみんな僕に野球のやり方を教えてくれたり、放課後みんなの家〔サンダースホーム：引用者注〕に行っていろいろな本やものを借ります。（略）これからいっしょうけんめい日本語を勉強します。そしてみんなとよい友だちでいます。[45]

このように、マンツーマンで先生に日本語を教えてもらい、「友だち」とたくさん遊ぶなど、学園生活の「うれしい」ことをつづり、これからも日本語の「勉強」に励むという。平塚市の教育委員会には通える学校がないと言われたT・Kにとって、ステパノ学園はまさに「一番幸福な」学び舎だったのだろう。

以上のように一九七〇年代のステパノ学園は、既存の混血児たちに加え、さまざまな困難な境遇を歩んでいた日本人の子どもたち、ベトナム戦争従軍アメリカ兵の黒人系混血児、中国残留孤児二世など、七〇年代に新たに社会問題化・周縁化された多様な子どもたちが出会い、「よい友だち」関係を築く場だったといえるだろう。そうした関係性を支えた中学担任の池沢氏は、七〇年三月の卒業文集で「誠実は社会の第一条件」と題して、「誠実」とは「私達は独りの力では何事も成しえないもので必ず他人の力に助けられて、はじめて物事が成就する」と意識することだと子どもたちに訴えていた。(46) 弱者同士の出会いを支えて協働するうえで、他者と助け合う「誠実」さが大切だったことがわかる。以下では具体的に、弱者の連帯をつくる教育実践を検討したい。

幼稚園―小学校―中学校のタテのつながりの強化

前述した特別クラスの悪いイメージなど、子どもの間に分断化傾向はあったとはいえ、学園ではそれを打ち破るように、運動会や臨海・林間学校、キャンプなどのイベントを幼稚園・小学校・中学校の合同で以前よりも盛大に挙行していく。

夏の臨海学校は、澤田美喜の別荘がある鳥取県岩美町で、ほぼ全学年が参加して数週間にわたって実施された。これは、学園創立時の一九五三年から、澤田が亡くなる前年の七九年まで続いていたが、八〇年以降は混血児の数自体も少なくなり、大磯海岸、大磯ロングビーチ、大磯町営プールで海水浴・水泳が実施されるようになった。(47) ステパノ学園がある大磯町は海水浴の聖地で、海水浴場は戦前以来町の重要な観光資源だが、第３章の写真14でも触れたように、日本人の海水浴客でごった返す大磯町という地元で混血児たちは泳ぐことができなかったため、鳥取県岩美町で臨海学校を実施していたのだった。(48)

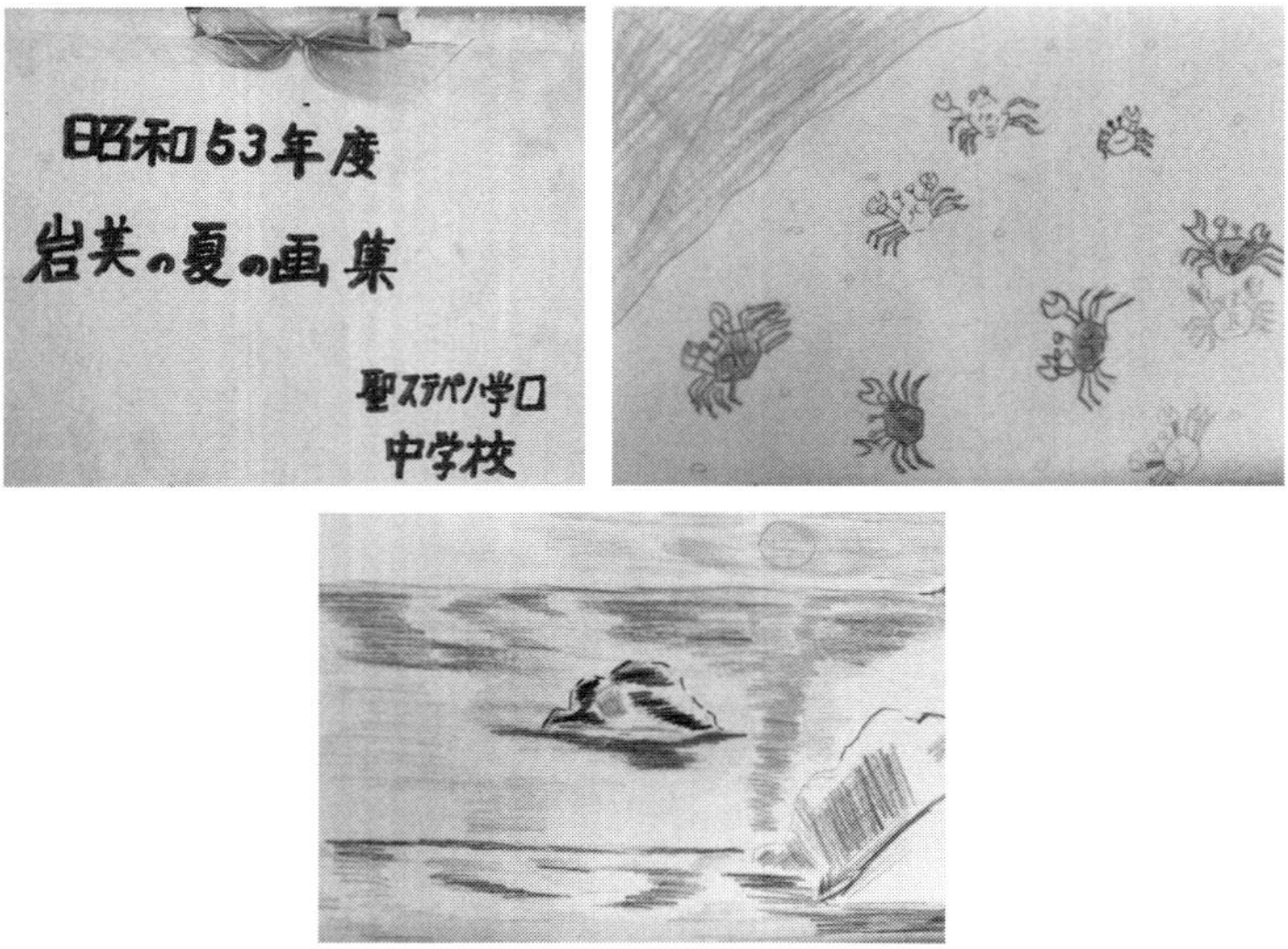

写真37　澤田美喜の別荘がある鳥取県岩美町での臨海学校を描いた画集（1978年）
（出典：聖ステパノ学園所蔵）

中学の途中で児童相談所を経てサンダースホームに入所した日本人男子のH・Kは、中学二年の夏である一九七八年に初めて岩美町を訪れ、浜では「カニのアパート」と呼ばれる岩礁や「ナデシコ貝」ほか多様な貝類に感銘を覚え、海では「アンドンクラゲ」に刺されて「とてもいたくて」たまらない思いをし、夕方には「神秘そのもの」夕日に感激している様子を作文に詳述し[49]、さらにそうした感動を絵画や詩にも表現していた（写真37）。H・Kは、生き物のにぎわいへの素朴な驚きと自然への愛着の念を抱き、さらにそれらを表現することで一定の充実感を得たといえる。彼はその体験を卒業文集でも振り返り、「鳥取は学園生活の足場」であり「心のジャンプ台」だったと述べている[50]。総じて、岩美町の臨海学校が単なる海水浴の機会ではなく、現

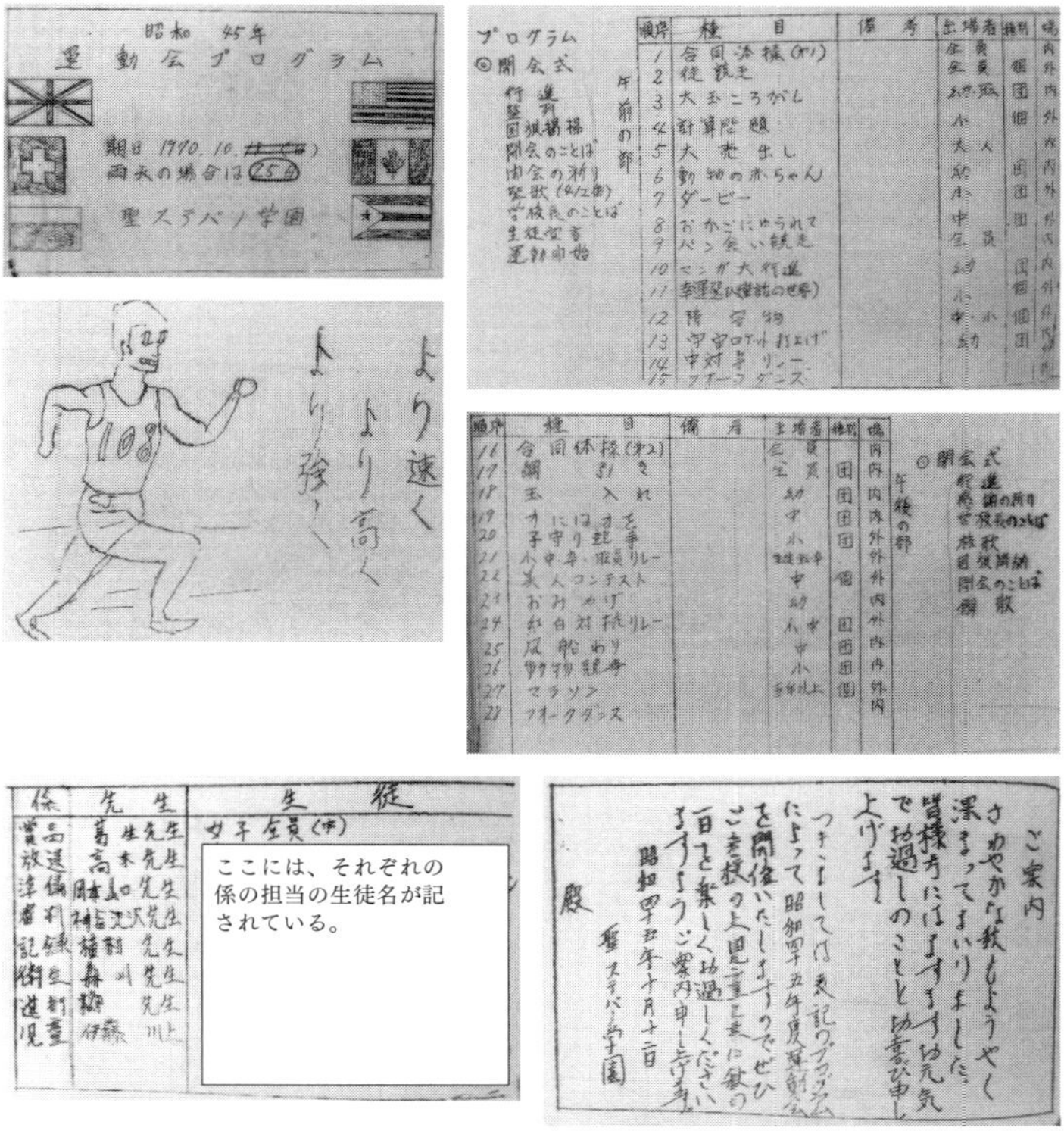

写真38　ステパノ学園の1970年度運動会プログラム
（出典：聖ステパノ学園所蔵）

代風にいえば総合学習的な環境学習の出発点としての主体的課題発見の場であり、かつ、トラウマをもつ子どもたちが自然の慈愛のようなものに触れて自己を回復していく場だったことがわかる。
もちろん、こうしたイベントは一九五〇年代後半から六〇年代前半にも実施されていたが、六〇年代後半以降の特徴は、七〇年前後からサンダースホームに次第に増えていった日本人の幼児や小・中学生を混血児の上級生が支え、子どもたち同士のタテのつながりがより強められていた点にある。さらにそうした教育の成果を、混血児に対して排他的な意識をもっていた大磯町民に対して開いていった点もこの時期の特徴である。その総決算といえるイベントが、強い連帯性が求められる運動会だった。中学生の手作りによる「運動会プログラム」（写真38）が町内の各所に配布され、中三生がリーダーシップを発揮して幼稚園児までをまとめあげて運動会が挙行されていた。
運動会は学園創立当初から実施しているが、案内状が町内に配布されたのは一九七〇年が最初だった。六〇年代までの来賓は学園教師の身内が主だったが、七〇年以降に来賓として招かれるのは町内の教育関係者や「老人会」が主となり、町民の出入りが自由なオープンな形式で実施されていた。[51]
写真38の一九七〇年の「運動会プログラム」からわかるように、学年別に競技したり演じたりする種目はなく、幼稚園、小学校、中学校、全員という単位によって、もちろん特別クラスという区別もなく、各種の運動競技・ダンスから「美人コンテスト」まで、バラエティーに富んだ二十八に及ぶ演目が実施され、その一方で賞品・放送・審判・記録・進行などの運営係は中三生徒全員が取り仕切っていた。また、七〇年のプログラムには写真のとおり生徒の自画像を掲載しているのだが、

それは必死に走る混血児自身の姿だと当時教師だった池沢登志美氏は証言している。(52)

地域に開くという運動会のスタイルはステパノ学園に限ったものではないが、既述のように、町民や海水浴客の目を気にして地元では泳ぐことができなかった子どもたちの競技・遊戯・ダンスなどの運動表現・芸術表現、ひいてはそれを支える生徒たちの協働作業自体が、大磯町民など多くの来賓者に披露されるようになった点は重要だろう。子どもたち同士が人間関係を形成（変革）していくのと同時に、いまだ偏見をもつ町民との間で社会関係を形成（変革）していく場として、運動会が期待されていたといえるだろう。こうした運動性は、まさに一九七〇年代的特徴といえる。次章で詳述するが、澤田美喜が亡くなる一九八〇年を区切りとして、町民の混血児への偏見は大きく緩和されている。

おわりに

前述のような臨海学校や運動会での子どもたちの連帯・協働は写真39・40の岩手県の小岩井農場への修学旅行などにも共通していたのだが、ここで留意しておきたいのは、学園行事が全員参加の原則をとり、そこでは特別クラスの子どもたちも「特別」から解放され行事に参加していた点である。当時教師だった池沢登志美氏は「運動会では特別クラスの子がいい成績を挙げ」ることが多かったと述べている。(53)

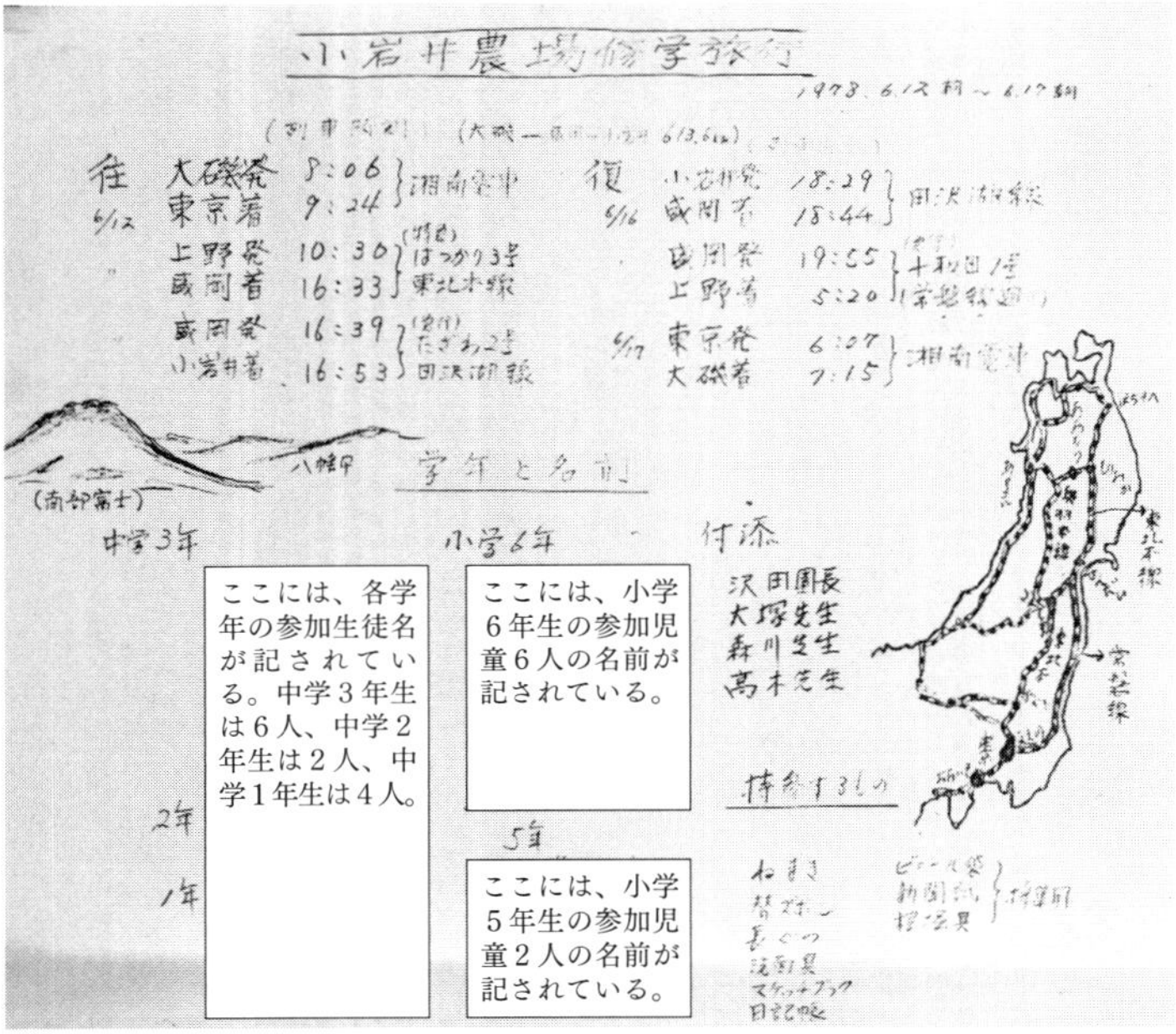

写真39　ステパノ学園の1978年度小岩井農場修学旅行
（出典：聖ステパノ学園所蔵）

確かに、一九六〇年から八〇年代後半までステパノ学園に存在した特別クラスは、多くの時間、子どもたちの何人かを学習進度の遅れや障害という理由によって「特別」の枠内に置いていたことは事実である。しかしその一方で、全員参加の野外学習やさまざまなイベント実践を通して、七〇年代にあって多様化する弱者の連帯性構築をはかり、既存の弱者（混血児）がリーダーシップをとって他の弱者（日本人）を支える態勢ができあがりつつあった。

本質的に学力差が生じやすい数学を担当した池沢氏が、一九六九年三月の卒業文集で「勉強より先ず人間を作るのが大切だ[54]」と子どもたちに訴えかけていたことを考えれば、実態としては、一元的な能力尺度による序列化は学園内にそれほど生じていなかったといえる。そのことは、八〇年三月にステパノ中を卒業し、障害者雇用をおこなう東京コロニーに就職したある日本人の女子生徒が、

写真40　ステパノ学園の1976年度小岩井農場修学旅行文集の表紙
備考：表紙は生徒の水彩画をそのまま使用している
（出典：聖ステパノ学園所蔵）

卒業文集で、十五年間という「長いあいだ、友達と、楽しく、テニスをしたり、ちょっとしたことで、口げんかをしたり、そのけんかも、いつの間にか、自然に直って、又仲よく、あそんだりして」「そして、ママちゃま〔澤田美喜：引用者注〕や、先生に、しかられていると、かばってくれたり、お友達って、いいなと思[55]」うと書き記していることからもわか

る。澤田はこの子の卒業に際して、卒業文集の巻頭で次のような言葉を送っている。「妙なより合い所帯のような」この卒業生たちは、まわりの多くの人々の支えによって卒業にこぎつけたのであり、この卒業は「一人だけでできるものではなくて、みんなが手をつないで協力をしてこそ完成」できた「幸せ」であるので、「一人が幸せになったとしても、まわりが悲しんでいたらその幸せは、喜びにはならない」ことを忘れないでほしい、と。[56]総じて、「かばってくれ」る友達がいること、それが「幸せ」の基調なのだという考え方がステパノ学園の根底にあったといえるだろう。

なお、このはなむけの言葉の一カ月半後の一九八〇年五月、澤田美喜は死去している。次章では、右のようなステパノ学園におけるインクルーシブ教育の萌芽ともいうべき状況が八〇年代以降どう発展していくかを跡づけたい。

注

(1) 相澤真一／土屋敦／小山裕／開田奈穂美／元森絵里子『子どもと貧困の戦後史』(青弓社ライブラリー)、青弓社、二〇一六年

(2) 元森絵里子「大人と子どもが語る「貧困」と「子ども」――どのようにして経済問題が忘れられていったか」、同書所収、一五二―一五四ページ

(3) この改正で、地方優生保護審査会が廃止され、優生保護法指定医の判断と本人・配偶者の同意だけで人工妊娠中絶が可能になり、日本社会の中絶件数が飛躍的に増大していくのに反比例し、ステパノ学園の混血児数は少なくなっていく。

(4) たとえば『聖ステパノ学園はいま』第三巻（聖ステパノ学園、二〇一三年）など。
(5) こうした安直な態度を、労働省婦人少年局神奈川県婦人少年室主任の高崎節子は、前掲の『混血児』一六―一七ページで批判している。
(6) 朝日新聞社編「朝日ジャーナル」一九六七年二月十二日号、朝日新聞社、九五―九六ページ
(7) 主婦と生活社編「主婦と生活」一九六七年四月号、主婦と生活社、一二四―一二七ページ
(8) 石原房雄「混血児の知能及び学力テストの成績について 2」、日本人類学会編「人類学雑誌」第七十七巻第四号、日本人類学会、一九六九年、一―七ページ
(9) 荒川章二『豊かさへの渇望――一九五五年から現在』（「全集日本の歴史」第十六巻）、小学館、二〇〇九年、一三三―一三八ページ
(10) ア・テストは一九六八年には全学年で実施され、選抜資料となるのは三学年だけだった。六九年には三年での実施をやめ二年の分だけが選抜資料となるが、七〇年には一、二年の分とも選抜資料となる。七三年には調査書、ア・テスト、入試の比率が五〇％、二五％、二五％となり、ア・テストは二年生だけの実施となっている。詳しくは、中野渡強志「神奈川の「ア・テスト」はこうしてなくなった」（神奈川県高等学校教育会館教育研究所編「ねざす」第三十号、神奈川県高等学校教育会館教育研究所、二〇〇二年）を参照。
(11) ア・テスト関連の記事は、毎年の「学校日誌」に散見される（聖ステパノ学園所蔵）。
(12)「聖ステパノ学園月報」一九六〇年四月号、聖ステパノ学園（聖ステパノ学園所蔵）
(13) 二〇一六年十月二十五日午後一時から三時間程度および、一七年十一月三日午後一時半から二時間程度、神奈川県の平塚市民活動センターで実施した池沢登志美氏への聞き取りによる。池沢氏は一九六三年から二〇〇〇年までステパノ中学校に勤め、現在は主に、平塚市の外国人を対象にした日本語

教師のボランティアを担っている。なお、聞き取りの発問は筆者（上田誠二）で、聞き取りの記録データはステパノ学園にも保管されている。
（14）「中学学校日誌 昭和四二年度 聖ステパノ学園」一九六七年十月二日付、聖ステパノ学園（聖ステパノ学園所蔵）
（15）「学校日誌 一九八二年度 中学校」一九八二年十二月十・十一日付、聖ステパノ学園（聖ステパノ学園所蔵）
（16）「学校日誌 一九八二年度 中学校」一九八二年十二月十四日付、聖ステパノ学園（聖ステパノ学園所蔵）
（17）前掲『豊かさへの渇望』二三三―三五ページ
（18）「聖ステパノ学園月報」一九六二年三月号、聖ステパノ学園（聖ステパノ学園所蔵）
（19）「聖ステパノ学園月報」一九六三年三月号、聖ステパノ学園（聖ステパノ学園所蔵）
（20）前掲『黒い肌と白い心』二五六ページ
（21）「聖ステパノ学園月報」一九六五年七月号、聖ステパノ学園（聖ステパノ学園所蔵）
（22）エリザベスサンダースホーム／聖ステパノ学園常務理事／有賀千代吉『昭和四十年八月 ブラジル聖ステパノ農場設立まで 園児第一陣ブラジル入国禁止並に解除に就て パールバック女史の友情』ブラジル関係ファイル所収、一九六五年、二ページ（聖ステパノ学園所蔵）
（23）一九六二年三月の卒業生は十四人、六三年三月は十二人、六四年三月は六人、六五年三月は十人だった。当該月の「聖ステパノ学園月報」による（聖ステパノ学園所蔵）。
（24）前掲『昭和四十年八月 ブラジル聖ステパノ農場設立まで 園児第一陣ブラジル入国禁止並に解除に就て パールバック女史の友情』一ページ

(25) 二〇一六年十一月十一日午後二時三十分から二時間程度、聖ステパノ学園の学園長室で実施した、小川正夫学園長への聞き取りによる。小川氏の略歴については序章の注（20）を参照。なお、聞き取りの発問は筆者（上田誠二）で、聞き取りの記録データはステパノ学園にも保管されている。
(26) 「エリザベスサンダースホーム」「軌　わだち」第四号、三菱重工業株式会社建設機械販売部、一九六四年、一四―一五ページ
(27) 「海を渡った800人の混血児――エリザベス・サンダース・ホームの30年」、文藝春秋編「週刊文春」一九七八年七月六日特別号、文藝春秋、一四二ページ
(28) この「誓い」の文章は、聖ステパノ学園所蔵のブラジル関連ファイルに収められている。
(29) 「読売新聞」一九八〇年五月十三日付
(30) A「三年間をふりかえって」「昭和四十六年三月二十二日 十字路 中学校第十回卒業生文集」聖ステパノ学園、一九七一年、ページ番号なし（聖ステパノ学園所蔵）
(31) 前掲の池沢登志美氏への聞き取りによる。
(32) A「主張」、前掲「昭和四十六年三月二十二日 十字路 中学校第十回卒業生文集」ページ番号なし
(33) C「自分を賭ける」、同文集、ページ番号なし
(34) E「自分を賭ける」、同文集、ページ番号なし
(35) E「ピエロ」、同文集、ページ番号なし
(36) E「短歌」、同文集、ページ番号なし
(37) 池沢登志美「第十回卒業生へ」、同文集、ページ番号なし
(38) 前掲の池沢登志美氏への聞き取りによる。
(39) M・F「卒業を前にして」「文集 こひつじ」第三巻（「第三回聖ステパノ学園小学校卒業文集」）、

聖ステパノ学園、一九六一年、一三〇ページ（聖ステパノ学園所蔵）
(40)「〝令嬢〟沢田美喜と千人の子供たち 男、読むべからず3」（澤田美喜と女優・高峰秀子との対談記事）、潮出版社編「潮」一九七二年三月号、潮出版社、二七六ページ
(41)「学校日誌 昭和五十一年度 中学校」一九七六年六月三日付、聖ステパノ学園（聖ステパノ学園所蔵）
(42) 前掲の池沢登志美氏への聞き取りによる。
(43)「学校日誌 昭和五十一年度 中学校」一九七六年六月四日付、聖ステパノ学園（聖ステパノ学園所蔵）
(44)「学校日誌 昭和五十一年度 中学校」一九七六年六月七日付、聖ステパノ学園（聖ステパノ学園所蔵）
(45) T・K「中国から日本へきたこと」「昭和五十二年三月二十五日 あしあと 聖ステパノ学園中学校卒業生」聖ステパノ学園、一九七七年、ページ番号なし（聖ステパノ学園所蔵）
(46) 池沢登志美「誠実は社会の第一条件」「昭和四十五年三月十九日 くすのき木 中学校第九回卒業生文集」聖ステパノ学園、一九七〇年、ページ番号なし（聖ステパノ学園所蔵）
(47) 前掲の池沢登志美氏への聞き取りによる。
(48) 本庄豊編『混血孤児――エリザベス・サンダース・ホームへの道』（「シリーズ戦争孤児」第二巻）、汐文社、二〇一四年、四二―四四ページ
(49) H・K「鳥取」「昭和五十三年度 岩美の夏の作文集」聖ステパノ学園中学校、一九七八年、ページ番号なし（聖ステパノ学園所蔵）
(50) H・K「鳥取生活の目的」「昭和五十五年三月二十五日 つらぬく 聖ステパノ学園中学校第十八回

卒業生文集」聖ステパノ学園中学校、一九八〇年、ページ番号なし（聖ステパノ学園所蔵）

(51) 前掲の池沢登志美氏への聞き取りによる。

(52) 同聞き取り

(53) 同聞き取り

(54) 池沢登志美「卒業するあなた達に」「昭和四十四年三月十二日　蛍雪　中学校第八回卒業生文集」聖ステパノ学園、一九六九年、ページ番号なし（聖ステパノ学園所蔵）

(55) Ｍ・Ｉ「友達」、前掲「昭和五十五年三月二十五日　つらぬく　聖ステパノ学園中学校第十八回卒業生文集」ページ番号なし

(56) 澤田美喜「卒業生へ」、同文集、ページ番号なし

第5章　低成長時代の周縁化された子どもたちの連帯

——多様性を再生し開く挑戦［一九八〇年代前半から現在までを見据えて］

はじめに

前章では、一九六〇年代後半から七〇年代後半という高度経済成長期後半から低成長期にかけてのステパノ学園の混血児教育が、日本社会の就職をめぐる差別や企業中心社会の能力主義的な風潮と向き合っていくなかで、教育—労働の接続を主眼として、六〇年代後半にはブラジル農業移民と高校進学との間で揺れ動き、七〇年代には既存の混血児たちと障害や貧困といったさまざまな困難な境遇を歩んでいた日本人の子どもたちとの連帯をはかり、さらにそうした連帯のありようを、運動会など学園が一体となったイベント実践によって社会に開いていった様子を明らかにした。本章では、そのような教育実践が八〇年代以降の低成長時代にどう展開したかを跡づけ、互いにケアし合うステパノ学園の混血児教育がインクルーシブ教育へと発展していく過程を素描したい。

そもそもインクルーシブ教育は、障害児教育学者の渡邉賢治によれば、一九九四年にユネスコとスペイン政府の共催によって「特別なニーズ教育に関する世界会議」が開催され、そこで次のような主張が強調されたことで関心を引くようになったという。その主張とは「インクルーシブ学校の基本原則は、すべての子どもはいかなる困難もしくは相違があろうと、可能な際には共に学習すべきである」というものであり、「特別学校――もしくは特別学級や学校内の常設のセクション――に子どもを措置することに、通常の学級内の教育では、子どもの教育的ニーズや社会的ニーズに応ずることができない」ような「まれなケースだけに勧められる例外であるべきである」[1]とする。

こうした、子どもを特別の学校や学級に措置することは例外であるという考え方は、教育関係者に少なからず戸惑いの感をもって受け止められたものの、ようやく日本でも二〇〇六年六月に学校教育法の一部改正がおこなわれ、〇七年四月から「特別支援教育」の実施となったのだと渡邉は評価する。[2]これは「特殊教育から特別支援教育への転換」であり、「通常の学級に在籍している発達障害の子どもも、特別支援教育の対象となるなど、特殊教育時代と比較すれば、目を見張るような大きな改革であった」[3]という。そして、「障害の有無にかかわらず、すべての子どもは地域の小・中学校に就学し、かつ通常の学級に在籍することを原則とする」という当初の理想は、「ひとまずは、すべての子どもは、通常の学級に学籍簿をおくということにとどめ、軽度の障害児が通常の学級で学べる条件を整えるべきである」と渡邉は提言する。つまり、現実的には「通常の学級に学籍簿をおき、なお必要な場合は通級による指導、特別支援学級、特別支援学校にも学籍簿をおく」ことで、「特別支援教育からインクルーシブ教育へ」の展開を段階的にはかっていくべきではないかと渡邉は言う。

このように二〇〇〇年代以降の日本社会では、特殊教育から特別支援教育へ、特別支援教育からインクルーシブ教育へと教育現場が展開してきているのだが、近年、インクルーシブ教育は、現在の教育現場の課題として、あるいは教育政策の課題として、さまざまな社会的な要請を受け、それに関する研究は批判的視点を組み込みながら活発化しつつある。一六年の日本教育学会大会での課題研究では「インクルーシブ教育をめぐる包摂と排除」と題して、現在の「日本で進められているインクルーシブ教育は、一人一人の教育権を保障しているのか。あるいは、制度を通して行われているのは排除なのか」(4)を討論している。おおむねインクルーシブ教育は「教育的・社会的排除を見極め、それらを解体することに取り組む批判的教育プロジェクトである」(5)と現在の教育学では主張されているが、実態としては、インクルーシブ教育が政策課題となり制度化していくなかで、学校側が障害のある子へ「合理的配慮」という正当性のもと、就学前に通常/特別の「仕分け作業」をおこなうなど、「日本の地域の学校は、インクルーシブ教育をやろうとすればするほど、「排除」の論理が大きくなって」しまう現状が報告されたりもしている(6)。

本章ではこうした包摂の理想と排除の現状を踏まえたうえで、混血児教育がインクルーシブ教育に発展してきたというステパノ学園の歴史過程の可能性を提起したい。前述のとおりインクルーシブ教育は、二〇〇七年以降、特殊教育から特別支援教育へ、現在は特別支援教育からインクルーシブ教育へと発展しつつあるのだが、第1章第2節の「別学か共学か」で触れたように、ステパノ学園は一九五三年の開校時、隣の大磯小学校から「特殊教育」と呼ばれていた。このことははからずも、当初からステパノ学園がまわりの学校から優生思想のバイアスを経た視点でみられていたことを意味している。

文部科学省ウェブサイトの「学制百年史」では、「昭和二十七年〔一九五二年：引用者注〕に〔文部省の：引用者注〕初等中等教育局に設置された特殊教育室が当面した課題は、第一に義務化された盲・聾児の就学率の低調と、第二に精神薄弱、肢体不自由、病弱・虚弱児等に対する特殊教育の立ち遅れの打開ということであった」[7]と述べているが、ステパノ学園が一九五三年時点ですでに大磯小学校から「特殊教育」と呼ばれていたことは驚きに値する。こうした社会的文脈から考えてみても、ステパノ学園の混血児教育とインクルーシブ教育には、優生思想への疑義と抵抗が共通していることがわかる。

本書で強調したいのは、ステパノ学園の混血児教育とインクルーシブ教育に共通する方法が、弱者同士が、あるいは弱者と強者が互いにケアし合い社会の偏見と差別に抗うという教育方針である点である。社会学者の上野千鶴子は、二〇一六年七月に神奈川県相模原市の津久井やまゆり園で十九人の障害者が虐殺された事件について、その実行犯が、同園の元職員としてケアする側の立場に固執するだけで、ケアされる側の立場に立つという想像力を著しく欠如している問題性を指摘している[8]。たまたま健康で、たまたま障害がなく、たまたま生きてここにある、そのような多数派の人々（強者）の他者（弱者）への想像力を喚起すべきことを上野は提言している。また、いつ自分がケアされる側に回るか、それは偶然性が高く不慮性に満ちていることを彼女は示唆する。

本章では、ケアし合う教育という視点から、具体的には第一に、混血児と日本人とが支え合う教育として展開した一九七〇年代の澤田美喜の実践が、八〇年五月の澤田の死をきっかけとして、大磯町役場や大磯町民にどう受け止められたのかを考え、社会へ開かれた混血児教育の可能性を考えたい（第1節）。第二に、そのように支え合い互いにケアし合う教育が八〇年代以降のステパノ学園でどう展開したかを跡づけ、そうした教育が現在の同園のインクルーシブ教育の土台になっていることを明らかにする（第2節）。そして最後に、戦後社会に根深く埋め込まれた優生思想に抗う教育＝生存をめぐる差別に抗う教育の方法の意義について考えてみたい。

1　澤田美喜の死（一九八〇年）と新たな挑戦——社会へ広く開かれる学園

一九八〇年五月十二日、旅先のスペインのマヨルカ島で澤田美喜は亡くなった。七十八歳だった。同年五月二十七日発行の「広報おおいそ」[9]の第一面によれば、五月十五日、大磯町議会は臨時議会を開催し、澤田に名誉町民の称号を贈ることを決定し、「全員起立、黙禱を以てその死をいたんだ」という。同紙は、大磯町の公的見解として次のような澤田への評価を記している。

混血児に対して責任を回避する日本政府と米駐留軍当局から見放され、街では不道徳の見本のようにさげすまれ、猿の子を見るような好奇心と嘲（あざ）けりの中で彼女は耐え闘ったと言う。（略）女史の生涯がいま、われわれに訴えるものは何か。彼女の人生がわれわれに遺したものは何か。優位に立ち多数を占める者が、異質なもの、なじまないものを、わけもなく差別し排除してきた。その偏見にみちた、かたくなな閉ざされた心の扉を叩きつづける音がそれであった。

序章で述べたように、混血児の就学問題が社会的に騒がれだした一九五〇年ごろ、澤田が大磯小にサンダースホームの子どもたちの入学を打診したところ、同校PTAが混血児と自分の子が同じ教室で学ぶのはいやだと言いだし、大磯小側が混血児は別棟に押し込めるという提案をしてきた。そうした公然とした差別が、八〇年の澤田の死をきっかけとして、広報という公的なメディアによる右のような公的見解を通して払拭されようとしていることがわかる。前章でみた、地域に開かれた運動会などのイベント実践は、「かたくなな閉ざされた」町民の「心の扉を叩きつづける音」のひとつだったのであり、それは、混血児たちが決して「異質なもの、なじまないもの」ではないことを地域社会に示す教育実践だったといえるだろう。

また同紙には、数人だが「澤田さんを悼む町民の声」が寄せられていて、たとえば「おしい人をなくした」という声や、「他の人にやれと言われてもできることではなく」彼女だからこそできたことだという賛意、今後「澤田さんがなさった仕事をみんなで、(町でも)やっていただけたらと願う」という提案が掲載されている。

以上のように大磯町では、一九八〇年五月の澤田の死を真摯に受け止め、混血児をめぐる差別が大きく緩和の方向へと向かったのだが、ここで注目したいのは、そうした状況に際してステパノ学

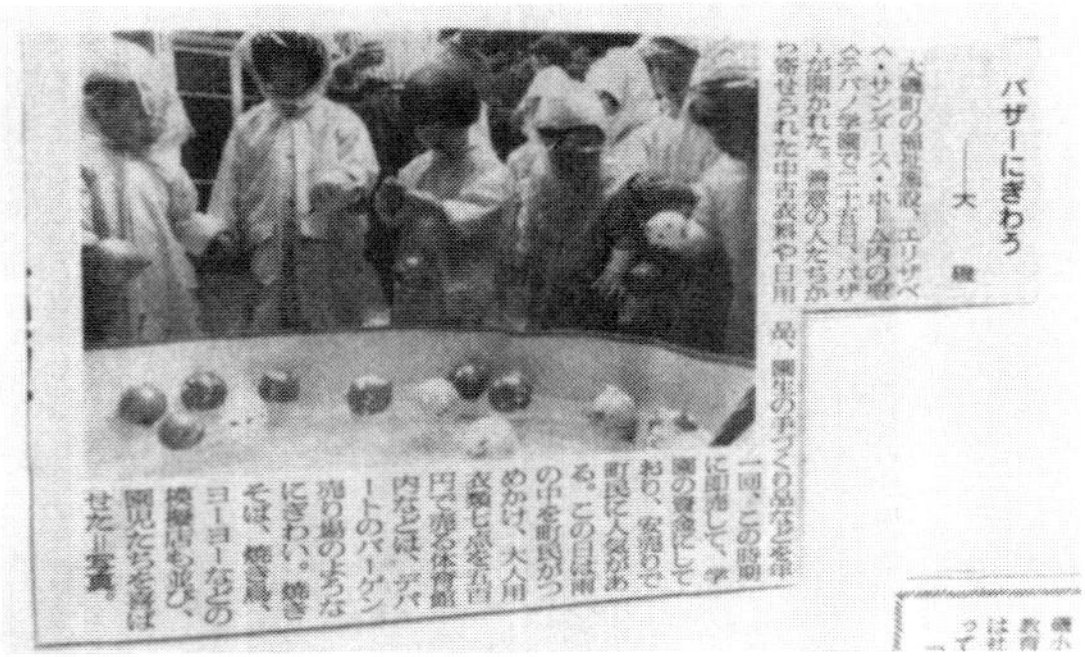
バザーににぎわう
――大磯

写真41　バザーでにぎわうステパノ学園を報じる「朝日新聞」1988年9月26日付朝刊
（出典：聖ステパノ学園所蔵のスクラップブック所収）

園が、バザー・フェスティバルとして教育実践をさらに広く地域社会へと開いていったことである。前章で述べたとおり、七〇年代を通じてステパノ学園には児童相談所経由の日本人の子どもたちが増えていて、そうした子たちにとってバザー・フェスティバルは大きな意味をもっていた。

「一九八〇年度 職員会議日誌」の七月一日付記事によれば、バザーを開催する目的は、子どもたちが「外部との交流を深めること」(10)であり、少なからず疎外感をもつ子たちが外部社会と出会うことを企図していた。また、扱う品に関しては、七月八日付記事で「①食品、②古着、③家庭内不用品、④子供の作品」とされ、とくに④については「中学生主体」の「ミニチュア盆栽、カード類、エプロン、ティッシュペーパー入れ」(11)の作成を挙げていた。その後、バザーは学園の恒例行事となり、一九八八年には「朝日新聞」が「この日は雨の中を町民がつめかけ」「体育館内などは、デパートのバーゲン売り場のようなにぎわい」(12)（写真41）だったと報じるほどに発展していった。

一九八〇年に開かれたバザーは同年五月の澤田の死を受けて実施されたものであり、そのために、

表14　2016年度「ステパノまつり」企画案

2016 ステパノまつり各団体企画(案)

2016年7月12日
ステパノまつり係
米原・赤田・田中・宮崎・和田

学年	企画名	内容	場所	備品	予算
小1〜小3	パンフレット配布	パンフレット等の配布（スタンプラリー台紙を合わせて配布）	正門前		10000
小4	射的屋・飲み物屋ゲーム	ゲームの内容は、くじびき、クイズ・なぞなぞ・迷路など。	小4教室 小4教室前廊下	小4教室内のもの	10000
小5	お店屋さん	たこやき・ベッコウ飴・キャラメルポップコーン・かきごおり・みたらし団子・ジュース	小2教室 または駐車場	長机6・イス14（テント・ブルーシート）	10000
小6	ボードゲームカフェ	ボードゲームと喫茶が楽しめるお店。（喫茶内容候補：紅茶・緑茶・抹茶・ミニケーキ等）	小3教室	延長コード 長机 クーラーボックス	10000
中学	ステパノまつり実行委員会	テーマ ポスター キャラクター募集、オープニング フィナーレの実施計画、放送、装飾、宣伝、会場美化等	面接室A 放送室 小1		10000
	お店① スリーカフェ	カフェ・ラジオ・おつまみ	アネックス		10000
	お店② ステパノポップコーン	ポップコーンと飲み物の販売	駐車場	テント・ ポップコーン機・ クーラーボックス	10000
	お店③ チェリーズ	クレープまたはクッキー販売	駐車場	テント・調理器具 長机4・長イス4	10000
	お店④ ラーメンA店	インスタントラーメン販売	中庭	テント・長机・鍋 イス・ガスコンロ	15000
	アトラクション① サバイバルゲーム	水鉄砲で行う。 時間制 （雨天時は検討中）	記念館前 （雨天時：中2教室）	机	5000
	アトラクション② 射的ゲーム	射的ゲーム　1回10円 景品にお菓子	中庭	テント・イス・机・布 長椅子2	5000
	アトラクション③ ペーパーゲーム	ペーパークラフト	中庭		3000
	アトラクション④ 鉄道コーナー	・鉄道（Nゲージ・レゴ・プラレール鉄道写真など）の展示 ・オリジナル切符などの配布	中3教室	長机・イス・ 延長コード	5000
	演劇	アクションファンタジー	ホール		5000

（出典：聖ステパノ学園所蔵）

バザー当日は「ママちゃま（澤田美喜）コーナー」が設置され、澤田の服や靴の販売と併せて、澤田の写真を掲示し、活動を紹介して盛況を博したのだったが[13]、その後もバザーが、学園の子どもたちと地域住民との交流を手助けし続けていたことがわかる。

そしてこのバザーは、一九九五年から「ステパノ祭り」に名称を変更し、子どもたちの劇なども披露する、まさにフェスティバルとしての性格を強化して現在に至っている。九八年三月にステパノ中を卒業したある男子生徒は、卒業文集で「三年間の思いで」として、ステパノ祭りでの劇上演を挙げている[14]。九七年四月から現在まで学園長を務める小川正夫氏によれば、劇という教育実践は、何かしらのトラウマをもっている普段の学園生活では目立たない子が、役（責任）を与えられ「背伸び」をして居場所を得ることで、自己を回復していく場になっているという[15]。

表14の二〇一六年の企画案からわかるように、現在の「ステパノまつり」では、さまざまな売店やアトラクションが子どもたちによって運営され、併せて生徒による演劇なども上演されていて、それはまさに、学園の創設以来重視されてきた、自治と協働の仲間づくりの教育の総決算的イベントといっていいだろう。

2　支え合い互いにケアし合う場として——多様性のなかでの心の回復

これまで述べてきたようにステパノ学園は、弱者同士が支え合う共同体で人間関係・社会関係を問い直していくような学びを実践してきたが、そうした学び合いの姿勢は、児童相談所経由の日本人の在籍児童が増えていき、混血児の在籍数がさらに少なくなっていく一九八〇年代以降のステパノ学園ではより強まっていた。本節では、混血児という弱者が学園内で強者になって他の日本人の弱者を支えるという、オルタナティブな連帯性が八〇年代に確立していたことを確認したうえで、その後、ステパノ学園の混血児教育がインクルーシブ教育へと発展していく過程を素描したい。

注目すべきは、混血児たちが他の子たち、とくに後輩たちから強く慕われていた点である。黒人系混血児の女子生徒Ｒ・Ｉの一九八二年三月の卒業に際して、中一の後輩日本人女子から寄せられた次の文章をみてみよう。なお、この後輩女子は重い拒食症を抱え、その後一年以上も県の子ども医療センターに入院する病弱な子だった。[16]

> 私には、お姉さんも、兄弟もいません。でも私には、お姉さんのような友だちがいます。（略）こまっている時は、助けてくれたりしてくれました。そんなお姉さんのようなＲさんも、もういなくなってしまいます。Ｒさんばかりにたよっていたけれど、今度は、自分一人で道を歩いていかなければなりません。（略）社会に出ても、この友情を忘れないで下さい。[17]

混血児が他の〝弱い〟日本人を助け支える〝強い〟存在になっていたことがわかる。Ｒ・Ｉは学園全体のムードメーカーだったらしく、同級生からは「クラスの中で一番のにぎやかな女の子で、いつも冗談を言って、教室中笑いでいっぱいにしてくれ[18]」たと称賛されるような生徒だった。

さらに、ステパノ学園では一九九三年から広く外部からの通学児童・生徒の公募を開始する。それは子どもたちの多様化・個性化を加速させていくことにつながった。九三年とは、さまざまな障害をもっていて支援が必要な児童・生徒を対象として、統合教育の視点から障害に応じた特別な指導をおこなう「通級制度」が学校教育法施行規則改正によって始まった年である。[19]ステパノ学園の公募開始はこの制度に対応していたわけだ。その直後の九四年三月にサンダースホームに入所し、同年四月からステパノ中学校の三年生になった男子生徒H・Iは、卒業に際して次のように述べている。

> ホームに入り、家から離れての生活は、つらくて、さみしくて、泣いた事もありました。でも、みんなが励ましてくれたりして、僕は学校を、ホームを出た事〔脱走したこと：引用者注〕もあったけれど、この一年間やってきました。（略）でも、僕以外にも、もっとつらくて、さみしい人もいると僕は思います。でも、みんながまんして、こらえている人もいるのに、僕はホームを何回も出てしまい、なんで僕はがまんできなくて、こらえられない人だろうと思いました。（略）みんなと生活してきた一年間、つらくて、さみしかったけど、それだけではなく、楽しくて、おもしろくて、話したりして、あそんだりして、ホームに来てよかったなあと思います。（略）友達のみんな、つらくて、さみしい事もあるけれど、みんな、励ましあって、たすけあったりして、生活していきましょう。[20]

このように飾り気がない率直な表現で、寂しさを乗り越えてきた様子を描いている。つらい境遇の子どもたち同士が、励まし合い助け合うなかで生きる勇気を獲得している様子がうかがえる。また、同じ年の四月から中学三年に転校してきた女子生徒K・Mは、卒業という別れが「本当につらい」と述べ、「ステパノ中学校にこれてうれしかったです。本当によかったです」と繰り返した。

続けて「中一の人達と中二の人達といろんなことをして遊んだりして、とっても楽しかったです」と記し、「これだけは約束します。中三で最後の作文ですね・・・。これからは、がんばっていきます」と決意を表明している。そして、中学の教員全員にお礼の言葉を書き記して作文を締めくくった[21]。仲間と協働し学び合うことによる、心の回復の一例といえるだろう。

以後、ステパノ学園は、さまざまな困難な境遇にある子たちが出会う場所として教育実践を積み重ね現在に至っている。二〇一五年度のステパノ学園〈学園案内〉の表紙（写真42）からもわかるように、現在の学園は子どもたちが支え合う姿をとくに重点的に対外的にアピールしている。この表紙の絵は生徒自身の作であり、小川正夫学園長によれば、作者はあえて支え合う四人の子どもたちが日本人かハーフかわからないタッチで描いているという[22]。

写真42　2015年度「学校法人 ステパノ学園小学校・中学校〈学園案内〉」の表紙
（出典：聖ステパノ学園所蔵）

そしていま現在、二〇一七年度のステパノ学園は、通学生八十九人、サンダースホーム在籍数三十二人、計百二十一人の児童・生徒で構成され、小一から中三まで各学年一学級で十五人から二十人程度である。小学校は二人で一学級の担任、中学校は三人で一学級の担任とするなど、恵まれた教員配置をとっていて、そのために学園は、身体的・精神的な障害をもつ子や、学習障害や注意欠陥多動性障害、自閉症などの子を多く受け入れて運営している。[23]一六年九月三十日に発刊した「聖ステパノ学園とエリザベス・サンダース・ホーム」と題した小冊子で小川学園長は、ステパノ学園のインクルーシブ教育の今日的意義を次のように説明している。現在の学園は、「その教育の姿勢」や恵まれた「教育環境」のために、「様々な角度から支援が必要な子ども達の保護者から」多くの関心を集めるようになり、「入学を希望する児童が次第に増加して」いて、さらにその一方で「健常者もこの学校の教育に関心を寄せて入学する」など、「正にインクルーシブ・エデュケーション（健常児も要支援児も、施設に寄宿する児童も通学生も同じ教室で教育する）」という教育方針で県内外から「注目されている」[24]と。そうした注目度の高さは、一九九〇年から二〇〇九年の間にステパノ学園の在籍児童・生徒数がおおむね増加傾向にあることからも確認されるだろう（表15）。

現在のステパノ学園のカリキュラムは表16のとおりである。学年の枠を外した「ステップアップタイム」という取り組みを週一時間設定し、算数や国語などで学び合う授業を展開している。さらに学年・教科を超えて「総合的な学習」をおこなう「ステパノタイム」での体験的学びが重視され、それは写真43にみられる小・中学校合同のステパノまつりや運動会に結実している。

小川学園長は、そうした行事・体験活動・作業を通した子どもの心の回復について、それが、子どもの障害などのためにコンプレックスを抱いていた保護者の心の回復にもつながっていることが近年の学園の大きな特徴であると述べ、とりわけ劣等感を抱きやすいシングルマザーの保護者の顔つきがみるみる明るく変わっていく事例が近年散見できると証言している。[25]子どもが変われば家庭

9月

■ステパノまつり（小中学校）

■ステパノまつり（小中学校）

10月

■運動会（小中学校）

■運動会（小中学校）

写真43　2015年度「学校法人 ステパノ学園小学校・中学校〈学園案内〉」でのステパノまつりと運動会の様子
（出典：聖ステパノ学園所蔵）

	1999年	2000年	2001年	2002年	2003年	2004年	2005年	2006年	2007年	2008年	2009年
	平成11年	平成12年	平成13年	平成14年	平成15年	平成16年	平成17年	平成18年	平成19年	平成20年	平成21年
	5 【4】	12 【6】	8 【1】	8 【2】	4 【1】	8 【4】	5 【1】	7 【4】	11 【4】	8 【4】	8 【3】
	7 【1】	6 【4】	13 【6】	9 【1】	10 【3】	3	9 【4】	6 【2】	8 【4】	11 【4】	8 【5】
	9 【1】	8 【2】	7 【4】	13 【6】	9 【1】	11 【4】	7 【1】	10 【4】	7 【1】	8 【4】	12 【5】
	7 【1】	9	8 【2】	8 【4】	16 【8】	8	13 【5】	6 【1】	11 【4】	10 【4】	8 【4】
	10 【3】	8 【1】	11 【2】	8 【2】	7 【4】	16 【7】	8	13 【5】	6 【1】	13 【7】	13 【7】
	6 【1】	7 【3】	10 【2】	13 【2】	11 【3】	7 【4】	15 【7】	7	14 【5】	9 【4】	14 【8】
	44 【11】	50 【16】	57 【17】	59 【17】	57 【20】	53 【19】	57 【18】	49 【16】	57 【19】	59 【28】	63 【32】
	13 【5】	9 【3】	11 【7】	13 【6】	13 【5】	16 【9】	15 【13】	20 【12】	18 【11】	18 【10】	16 【13】
	9 【3】	12 【5】	9 【3】	11 【7】	13 【6】	14 【5】	20 【13】	19 【15】	20 【13】	19 【12】	19 【10】
	18 【5】	11 【3】	12 【5】	9 【4】	11 【7】	13 【6】	13 【4】	21 【13】	19 【15】	20 【13】	18 【11】
	40 【13】	32 【11】	32 【15】	33 【17】	37 【18】	43 【20】	48 【30】	60 【40】	57 【39】	57 【35】	53 【34】
	84 【24】	82 【27】	89 【32】	92 【34】	94 【38】	96 【39】	105 【48】	109 【56】	114 【58】	116 【63】	116 【66】

表15　1990―2009年度のステパノ学園の在籍児童・生徒数推移

	年度	1990年	1991年	1992年	1993年	1994年	1995年	1996年	1997年	1998年
		平成2年	平成3年	平成4年	平成5年	平成6年	平成7年	平成8年	平成9年	平成10年
小学校	1年	6	5	2	4	5	6 【2】	6 【1】	6 【1】	7 【1】
	2年	9	5	8	2 【1】	6	6	11 【3】	7 【1】	8 【1】
	3年	5	9	5	8	5 【1】	6	6 【1】	12 【3】	6 【1】
	4年	2	6 【1】	10	4	8	7 【1】	8	6	10 【3】
	5年	9 【1】	3 【1】	6 【1】	14	5 【1】	10	8 【1】	11 【2】	7
	6年	8	10 【1】	5 【1】	9 【1】	14	6 【1】	14 【1】	8 【1】	9 【2】
	合計	39 【1】	38 【3】	36 【2】	41 【2】	43 【2】	41 【4】	53 【7】	50 【8】	47 【8】
中学校	1年	12 【1】	12 【1】	4 【1】	5 【1】	15 【5】	17 【1】	15 【7】	17 【6】	10 【3】
	2年	6 【2】	17 【1】	12 【2】	6 【1】	6 【1】	16 【6】	19 【4】	15 【8】	18 【5】
	3年	10 【2】	7 【2】	15 【1】	13 【3】	10 【1】	8 【1】	17 【8】	20 【5】	15 【7】
	合計	28 【5】	36 【4】	31 【4】	24 【5】	31 【7】	41 【8】	51 【19】	52 【19】	43 【15】
	総計	67 【6】	74 【7】	67 【6】	65 【7】	74 【9】	82 【12】	104 【26】	102 【27】	90 【23】

備考：【　】は通学生。各年度5月1日時点のデータ
（出典：聖ステパノ学園所蔵）

表16　ステパノ学園〈学園案内〉のカリキュラム概要（2015年度）

ステップアップタイム（各週1時間） 小学1年生〜小学6年生 学年の枠を外し、中学校は数学、小学校は算数・国語の授業を行っています。自分のペースでじっくり問題に取り組み、苦手だった所が克服でき、“できた”という喜びが大きな自信となっています。
花いっぱい運動 私たちにできるボランティア活動として、大磯駅前の花壇の世話を小学校5・6年生が中心になって行っています。地域の人たちの笑顔と声かけなどのふれあいが、喜びとなっています。
ステパノタイム 聖ステパノ学園の恵まれた自然を使い、学年・教科を越え、行事・体験活動・作業などを重視する総合的な学習を行い、“輝くステパノっ子”を育てています。聖ステパノ学園の一貫教育の柱となるものです。
小中一貫教育 小学校の図画工作、体育・聖書・英語・理科・生活・音楽は選科制。高学年は各教科毎年中学の教員も担当し、学園全体で児童・生徒を育んでいます。
クラブ活動・部活動 小学校の運動クラブは、私立小学校のサッカー大会、バスケットボール大会に向けて活動しています。中学校は、陸上競技・バレーボール・サッカー・バスケットボール・ハンドベル・演劇・陶芸・手話の部活動があり、共に励み、仲間を超えた友情がそこに芽生えます。
特別活動 小学校4年生〜6年生 児童会活動（代表・図書・保健・放送・体育・環境美化）、美化活動、学級会活動と集団の中の一員としての自覚を深め、協力してよりよい学校生活を築こうと、みな熱心に活動しています。 中学校 澤田美喜記念館見学、湘南平での新入生歓迎会など、聖ステパノ学園の自然と四季を活かした様々な活動の他に、大磯ロングビーチの掃除活動や地域の高齢者の方々との交流を大切に考え、積極的に活動しています。

（出典：2015年度「学校法人 ステパノ学園小学校・中学校〈学園案内〉」聖ステパノ学園、2015年〔聖ステパノ学園所蔵〕。下線は引用者）

も変わる、いたって当然のことだが、そう簡単には実現するものではないといえるだろう。

おわりに

高度経済成長期から低成長時代までのステパノ学園には、前章の第1節でみたように「全校知能テスト一覧表」（一九五八年から八六年）に示される能力主義の発想があり、それに基づいた特別クラスが置かれ、能力や障害によって子どもを区別していた。しかしその一方で学園では、本章でみてきたように、能力や障害による序列化・分断化傾向を乗り越える教育実践として、バザー・フェスティバルなど学園が一体となったイベントを精力的に実施し、既存の弱者（混血児）が強者になって、一九七〇年代以降新たに周縁化された弱者（日本人）を支えるというオルタナティブな連帯性を確立した。さらには、そうした協働し学び合う姿勢を大磯町という地域社会により広く開いていき、学園内の人間関係の変革だけではなく、大磯町との間の社会関係の変革をも一定程度、成し遂げ差別や偏見をさらに緩和していた。このような時代を経て、九〇年代以降のステパノ学園は特別クラスを設けない、インクルーシブな学び舎となっている。

現在、ステパノ学園のウェブサイトでは「インクルーシブ教育の取り組み」を次のように紹介している。

インクルーシブとは、「包括」つまり「すべてを受け入れる」こと、そして「排除しない」という意味です。

国際的には一九九四年、スペインのサマランカで行われた会議の場において、すべての子どもの教育を受ける権利を尊重し、差別的態度と戦い、すべての人を喜んで受け入れるサマランカ声明が採択され、これによってインクルーシブ教育が国際的な流れになりました。

日本でも二〇〇九年の障害者制度改革推進本部の話し合いの中で、インクルーシブな社会の構築を目標とすること、そのためにインクルーシブ教育システムが欠かせないことがあげられ、公教育においても少しずつインクルーシブ教育の取り組みが始まっています。

聖ステパノ学園においては、その創設された経緯から、六十年以上、常に差別的態度と戦い、子どもたちの心の教育を大切にしてきました。(26)

このように、ステパノ学園の現在のインクルーシブ教育は近年の世界的な教育動向の影響ではなく、六十年以上前に始まった混血児教育のうえに築いたものであり、創立当初から社会の「差別的態度と戦い」その克服の教育を積み重ねてきたことにルーツがあると強調している。

とはいえ、小川学園長は、現在の学園のインクルーシブ教育について、筆者による聞き取り調査の際に、まだまだ体系的なカリキュラムもなく、その場その場で試行錯誤しているだけだと極めて謙虚に述べていた。(27)計画やマニュアルがない事実から、ステパノ学園のインクルーシブ教育は一見、不安定な教育に映るかもしれない。

しかし、小川学園長が自信をもって話していたことなのだが、現場の教師たちは保護者との間の「連絡帳」の作成や授業の準備など、日々の教育に学園長が敬服するほどに精いっぱい取り組んでいて、筆者としては、そのような日々の〝手探り〟の教育実践のなかにこそ確かなインクルーシブ教育の方法が潜んでいると考えている。こうした手探りの実践は、ジーン・レイブやエティエンヌ・ウェンガーといった教育学者がいう「状況に埋め込まれた学習」すなわち、学習者が知識や技能を修得していくために、そのときどきの学びの共同体の社会文化的実践へ十全的に参加していく「正統的周辺参加」のプロセス[28]と軌を一にしてはいないだろうか。

あらためて澤田美喜が目指した教育の歴史的意味を考えてみると、それは、強い個人も弱い個人も包み込み、両者の連帯を構築する、すべてを受け入れる〈包括〉の教育という意味での、インクルーシブな学び舎の「状況に埋め込まれた学習」にあった。そうした教育は、混血児や障害児を忌避する戦後社会の根深い優生思想に抗う教育＝生存をめぐる差別に抗う教育の方法として構想・実践され、展開してきたといえるのではないだろうか。

注

（1）渡邉賢治「発刊にあたって」、渡邉賢治編『特別支援教育からインクルーシブ教育への展望』所収、クリエイツかもがわ、二〇一二年、三ページ

（2）同論文三―四ページ

(3) 渡邉賢治「特別支援教育からインクルーシブ教育へ」、同書所収、一二ページ。以下の渡邉の主張の引用は同論文による。
(4)「インクルーシブ教育をめぐる包摂と排除」(司会者：小国喜弘／酒井朗、報告者：木村泰子／高橋智／星加良司、指定討論者：倉石一郎)、日本教育学会機関誌編集委員会編「教育学研究」第八十四巻第一号、日本教育学会、二〇一七年
(5) ロジャー・スリー「インクルーシブ教育という逆説――差異の文化的政治学」虎岩朋加訳、長尾彰夫／澤田稔監修、マイケル・W・アップル／ウェイン・アウ／ルイ・アルマンド・ガンディン編『批判的教育学事典』所収、安彦忠彦／磯田文雄／田中統治／浅沼茂／中野和光／末水宏吉監訳、明石書店、二〇一七年、二三七ページ
(6) 前掲「インクルーシブ教育をめぐる包摂と排除」五五―五六ページ
(7) 文部科学省ウェブサイト「学制百年史」の「第二章 新教育制度の整備・充実(昭和二十七年〜昭和四十七年)」の「第七節 特殊教育」([http://www.mext.go.jp/b_menu/hakusho/html/others/detail/1317840.htm][二〇一八年三月七日アクセス])を参照。
(8) 上野千鶴子「障害と高齢の狭間から」、「緊急特集 相模原障害者殺傷事件」「現代思想」二〇一六年十月号、青土社
(9) 前掲「広報おおいそ」第二百三十七号(大磯町立図書館所蔵)
(10)「一九八〇年度 職員会議日誌」一九八〇年七月一日付、聖ステパノ学園(聖ステパノ学園所蔵)
(11)「一九八〇年度 職員会議日誌」一九八〇年七月八日付、聖ステパノ学園(聖ステパノ学園所蔵)
(12)「朝日新聞」一九八八年九月二十六日付
(13) 前掲二〇一六年十月二十五日および、一七年十一月三日の池沢登志美氏への聞き取りによる。第4

章の注（13）を参照。
（14）Ｍ・Ｍ「三年間の思いで」「卒業文集Ｈ・7・中学校入学Ｈ・10・3・11・卒業 ST. STEPHEN」聖ステパノ学園、一九九八年、ページ表記なし（聖ステパノ学園所蔵）
（15）前掲の二〇一六年十一月十一日の小川正夫学園長への聞き取りによる。小川氏の略歴については序章の注（20）を参照。
（16）Ｋ・Ｍ「中三に転入して」「昭和六十一年三月 フレンズ 第二十四回卒業生』聖ステパノ学園、一九八六年、ページ表記なし（聖ステパノ学園所蔵）
（17）「友だちの横顔」「昭和五十七年三月二十五日 旅だち 聖ステパノ学園中学校 第二十回卒業生文集」聖ステパノ学園、一九八二年、ページ表記なし（聖ステパノ学園所蔵）
（18）同作文
（19）前掲「障害児教育におけるインクルーシブ教育への変遷と課題」一七ページ
（20）Ｈ・Ｉ「中学校、ホーム生活1年間の思い出」「遥か未来の夢に向って 第33回卒業文集」聖ステパノ学園、一九九五年、ページ表記なし（聖ステパノ学園所蔵）
（21）Ｋ・Ｍ「中学校の思い出」、同文集、ページ表記なし
（22）前掲二〇一六年十一月十一日の小川正夫学園長への聞き取りによる。
（23）二〇一七年十一月二十一日午後一時から二時間程度、聖ステパノ学園の学園長室で実施した小川正夫学園長への聞き取りによる。なお、聞き取りの発問は筆者（上田誠二）で、聞き取りの記録データはステパノ学園にも保管されている。
（24）「聖ステパノ学園とエリザベス・サンダース・ホーム」聖ステパノ学園、二〇一六年、一二―一三ページ（聖ステパノ学園所蔵）

(25) 前掲の二〇一七年十一月二十一日の小川正夫学園長への聞き取りによる。
(26) 「インクルーシブ教育の取り組み」「ステパノ学園ウェブサイト」(http://www.stephen-oiso.ed.jp/education/index.html)［二〇一七年十一月二十四日アクセス］
(27) 前掲の二〇一七年十一月二十一日の小川正夫学園長への聞き取りによる。
(28) ジーン・レイヴ／エティエンヌ・ウェンガー『状況に埋め込まれた学習——正統的周辺参加』佐伯胖訳、産業図書、一九九三年、一ページ

終章　戦後史を超えて——〝包摂と排除〟か〝つながりと連帯〟か

1　戦後史のなかの〝現在性〟——〝現在的課題〟としての混血児教育の方法

本書は、敗戦の後始末ないし米ソ冷戦下のアメリカ兵向け銃後慰安ともいうべきセクシュアリティ統制政策のなかで生まれた混血児たちをめぐる教育の方法が、占領・復興期、高度経済成長・低成長期、そして現在に至る戦後史のなかでどう展開してきたのかを跡づけてきた。

混血児教育は、当初掲げていた、彼ら彼女たちの生存と労働を媒介するという教育学的使命を更新させながら、新自由主義的な現代社会に至るなかで学び合いのインクルーシブ教育へと発展してきた。すなわち、労働の形態でいえば、カジュアル（不定期、一時的）、フレキシブル（柔軟、不安定）、モバイル（移動性、流動性）といった耳ざわりがいい用語で現実を糊塗しながら、正規と非正規（=強者と弱者）の分断を推し進め、働き手には過度なまでに自己責任の意識を内面化させていく現代社会[1]にあって、混血児教育は、そうした社会の生きづらさを内側から切り崩すような、強者と弱者とが支え合い互いにケアし合う包括の教育＝インクルーシブ教育へと発展したといえる。

序章で述べたとおり、混血児の誕生に端を発した社会問題は、生存・教育・労働という日本国憲法の社会権保障の脆弱さの問題として捉えるべき現在的課題そのものだ。優生保護法（一九四八年制定）によって戦後日本社会に根深く埋め込まれた優生思想によって、現実的には生きてあることをめぐる権利が大きく損なわれ、そのような思想と現実を根源とする差別意識や人種的偏見、そこから派生するいじめによって、教育現場では教育を受ける権利が実質的に空洞化し、そのための不十分な教育経験によって、企業社会の上昇ルートに乗れずに周縁的な職業へと追いやられ、勤労に関する権利の限定的な行使に落とし込められるなど、混血児たちは、戦後民主主義社会からこぼれ落ちていく存在になってしまったのである。

さらにいえば、このように混血児たちにのしかかった不条理は、アメリカの戦争を支え続けた戦後日本の社会矛盾そのものだった。男女平等を掲げて民主主義を謳歌しているかのような日本社会にあって、朝鮮戦争によって売春慣行が隆盛し、かつ現地妻＝オンリーに象徴される圧倒的権力関係下でのアメリカ兵と日本女性とのいびつな恋愛関係が数多く生まれ、他方、アメリカ兵によるレイプ犯罪が多発化した。[2]さらにベトナム戦争が、同様の状況を再度活性化させた。アメリカの戦争は、在日アメリカ軍基地の権力性ひいては暴力性を増大させ、混血児たちの生存・教育・労働の行方を少なからず左右していったのである。

筆者の問題関心が、以上のように戦後日本社会で差別や偏見、暴力性の結節点になった混血児の困難な状況を打開する教育の方法にあることは繰り返し述べてきたが、本章では、とくに生存と労働をめぐる差別に抗う混血児教育の方法が内包させていた現在性＝現在的課題を提起することで本書のまとめをおこないたい。

生存と労働をめぐる差別に抗う教育の方法がもつ第一の特徴は、親に捨てられた混血児たちのために澤田美喜が一九四八年二月に設立した乳児院エリザベスサンダースホームと、そこに併設された幼稚園（一九五一年四月開園）の教育実践に、すでにその端緒をみることができた。その特徴は、たとえば大自然のなかでにぎやかな生き物の営みに触れながら、遊びながらともに学び合う、現代風にいえば、体験的学びやグループ学習を重視する「アクティブ・ラーニング」[3]ともいうべき教育方法だった。それは、深いトラウマを背負う子どもたちが、仲間とともに生きる勇気や知恵を育んでいく方法でもあった。そうした方法は、五三年四月に開校したステパノ小学校では、自治と協働の仲間づくりの教育へと発展していくのだが、大切なことは、体験的学びや協働作業を重視したステパノ学園の教育方法が法則化・固定化されず、常に手探りのなかで展開していた点である。ステパノ学園に教育課程ないしカリキュラムに関する体系的な資料が残存していないのは、日々の教育実践の積み上げに重点を置き、多様性ある子どもたちを型にはめ込まないように努力してきた現場教師たちの営為の逆説的な結果なのであり、現在のステパノ学園は、まさにそうした日々の手探りの積み上げのうえにインクルーシブ教育を展開している。

また、公立小学校でも、混血児をめぐるいじめ問題を学級会によって民主的に解決していく試みが実践されていた点は、戦後の民主化教育の方法的成果といえる。混血児にとってはいじめを受ける場であると同時に希望を育んでいく場でもあった学校で、現場教師たちは可能なかぎり良好な教育環境をつくりだそうとしていたのである。

ただ、上級生になるにつれて、そうした努力は、混血児を日本人に同化していく方向へ傾斜しがちになり、総じて教師自身が差別や偏見を仕方がないものと見なし、混血児を学友その他の人間との協働へと導けなかった点に、公立小での教育実践の限界が見受けられた。重要なのは、いじめ解決の方法としての学級会という教育方法＝アクティブ・ラーニングそれ自体ではない。その方法を用いながらも、教育目的をいじめ解決から、子ども同士の連帯、さらには社会的連帯へと更新させていく、換言すれば、感情のぶつけ合いを見守りながらも、互いに支え合いケアし合う仲間づくりへと教育の目的を練り直していく、そのような教師の臨機応変さ＝状況知覚こそが重要だったのではないか。学級会という制度的で定型的な仲間づくりが、感情のピアを形成する自治と協働の仲間づくりへと、そしてそれがケアし合う仲間づくりへと展開していく過程については、一九七〇年代のステパノ学園にうかがえた。七〇年代の学園では、数的に少なくなっていた混血児と児童相談所経由でサンダースホームに入所した日本人とが出会い、連帯していき、既存の弱者（混血児）がリーダーシップをとり、他の弱者（日本人）を支える態勢へと、仲間づくりの中身が展開していったのである。

一方、生存と労働をめぐる差別に抗う混血児教育の方法が有する現在性＝現在的課題の二点目の特徴については、とくに一九五九年四月開校のステパノ中学校の実践にその内実が表れていた。右で述べた自治と協働の仲間づくりの教育と並行して展開された、ステパノ中での芸術教育＝技能教育の実践である。高度経済成長下のステパノ中では、芸術的技能（絵画や音楽）と実業的技能（ミシンや木工）を表裏一体のものと捉え、人間性と技術力の両方を併せもつことが重要であるという教育理念が、混血児たちの教育の基調として存在していたのだった。現在のステパノ学園のインクルーシブ教育では、職業と直結した教育は弱まり、よりトータルな人間形成のあり方が重視されているのだが、それはたとえばステパノまつりにみられるような、子どもたちの手で運営される売店やアトラクション、演劇上映などを通した大磯町民との交流という、いわば対話力や交渉力を育む体験的・応用的な学びとして展開されている。そうしたイベントは、多くが疎外感やトラウマをもつ子どもたちが外部世界と交流して自己を表現し、心の回復をはかっていく場になっているのである。

混血児教育の方法が内在させていた現在性の三点目の特徴は、ステパノ学園に集まった日本社会で周縁化された子どもたちが出会い連帯し、社会認識力ひいては社会形成力を育んでいく過程に胚胎されていた。一九七〇年代以降のステパノ学園では、混血児であるという当事者性すなわち当事者ゆえの鋭い社会批判の感性など、たとえば差別と抑圧の構造として高度経済成長を捉えるという混血児の感性や社会認識のあり方と、日本人の子どもたちが出会い、それらを一緒に練磨することで社会形成力へ昇華させていく実践が展開されていた。このような実践は具体的には、多かれ少なかれ混血児に偏見を抱く大磯町民に開かれたものとして挙行された運動会に顕著だった。町民や海水浴客の目を気にして地元では泳ぐことがかなわなかった混血児たちと、ともに学ぶ日本人の子どもたちによる運動表現や芸術表現、さらにそれらを自ら運営する子どもたちの協働作業自体が町民に披露されていった運動会は、町民と学園とによる新たな地域社会形成の第一歩だった。実際に、八〇年ごろには学園に対する差別や偏見は大きく緩和され、多くの町民がステパノ学園のバザー・フェスティバルに訪れるようになっていた。前述のとおり、それはステパノまつりとして現在に至っている。

以上述べてきたように、生存と労働をめぐる差別に抗う混血児教育の方法が有する現在性＝現在的課題とは、自治と協働の仲間づくりを基調とした法則化・固定化されない手探りのアクティブ・ラーニング、人間性と技術力さらには対話力や交渉力などを兼ね備えたトータルな人間形成のあり方、そしてそれらの学びを社会形成力へ昇華させていく教育の方法であった。以下では、そうした学びの方法がインクルーシブ教育へと発展してきた歴史過程を時期区分し、現代教育学の課題としてのインクルーシブ教育について、歴史学的に若干の展望を述べてみたい。

2　教育学と歴史学を架橋する混血児の戦後史

ここであらためて、混血児教育の歴史過程をステパノ学園の教育態勢の変化から再構成してみると、以下のようになる。

第一期は、エリザベスサンダースホームが設立された一九四八年二月から、ステパノ学園小・中学校で混血児だけを対象とした教育がおこなわれ、敗戦の落とし子とされた彼ら彼女たちの生存と労働をつなぐことに教育の主眼が置かれていた、六〇年代後半までの時代である。この時期は戦後史的にいえば、占領・復興期、高度経済成長期に相当する。混血児たちは、日本社会への包摂を希求しながらも、そこからはおおむね排除されていた。その一方で、スポーツや芸能といった限られた職業への混血児たちの就職が大衆メディアによって喧伝され、そうした混血児イメージが定着していった時代でもある。

第二期は、サンダースホームの乳児院が廃止された一九七〇年前後から、澤田美喜が亡くなる八〇年にかけての時期である。この時期は、サンダースホームやステパノ学園で日本人の受け入れが始まると同時に、学園内では、障害をもつ子や学習進度が大きく遅れた子たちが区別されて学ぶ、通称Sクラス＝特別クラスが恒常化していく時代である。戦後史的には、高度経済成長の終局から低成長時代への転換点にあたる。戦後の平和主義の下にありながらも、アメリカによる北ベトナムへの継続的爆撃に象徴されるベトナム戦争を国策として支えるという社会矛盾が顕在化して、敗戦後ほどではないが、神奈川県などのアメリカ軍基地周辺で混血児問題が社会的に再浮上した時期だった。

第三期は、一九八〇年五月の澤田の死去を画期としているが、このころからステパノ学園の児童・生徒は、障害をもつ日本人の子や家庭が崩壊した日本人の子が大多数となり、混血児がごく少数となる。そうした変化のなかで、学園の特別クラス（Sクラス）が廃止された八〇年代後半までの時期が第三期である。この時期は、低成長期・バブル景気の時代におおむね相当している。現在ステパノ学園長を務める小川正夫氏によれば、澤田は混血児の数が減少し始めた六〇年代後半にすでに、混血児の教育機関としての学園の使命は近い将来終焉するので、その後は障害児の教育機関として学園を発展させるべきことを提言していたのだという。[4] そうした澤田の提言が彼女の死後、まさに現実化したのだった。澤田にとって、優生思想に抗うという意味で、混血児教育と障害児教育は、コインの表と裏のようなものだったことがわかる。もっとも、第1章第1節の「優生保護法」と第5章の「はじめに」で述べたように、ステパノ学園は五三年の開校当初から、隣接する大磯小学校から「特殊教育」と呼ばれるなど、優生思想のフィルターを通してみられていたのであった。

第四期は、ステパノ学園で通学生の公募が始まった一九九三年度から現在に至る時期である。もとより、学園のこの制度改編は、九三年の学校教育法施行規則改正に呼応していて、さまざまな障害をもっていて支援が必要な児童・生徒を対象として、統合学級の視点から障害に応じた特別な指導をおこなう通級制度が政策的に開始されたことに学園が対応したものだった。この時期は、平成不況・新自由主義時代と重なっている。弱肉強食の市場原理が社会のあらゆる制度に浸潤していく新自由主義時代に際してステパノ学園では、混血児／ハーフの子は希少な存在となり、[5] 有名無実となりつつあった混血児教育が、現在のインクルーシブ教育へと実質的な展開をみせていたのだった。

以上のように、混血児教育の歴史過程をステパノ学園の教育態勢の変化から再構成してみると、第一期（一九四〇年代後半から六〇年代後半＝占領期から高度経済成長期）では、混血児が日本社会で生き抜くための教育方法を展開し、第二期（一九七〇年代＝低成長時代の幕開けと展開の時期）には、能力主義教育を強化する一方で、混血児と恵まれない日本人の子との連帯を促す教育方法を模索していた。そして第三期（一九八〇年代＝低成長とバブル景気の時代）では、能力主義教育の見直しがおこなわれ、第四期（一九九〇年代から現在＝新自由主義時代）には、ステパノ学園が障害児教育を大きく取り込んでいき、それをインクルーシブ教育へと発展させた。

では、右のような教育方法の変遷は今後どう展開していくのだろうか。残念ながら、教育史家である筆者には、ポスト新自由主義の対抗運動としてのインクルーシブ教育の方法を十分に展望する準備はない。東欧史を専門とする現代史家の小沢弘明が二〇一七年五月時点で総括しているように、現在「反新自由主義の対抗運動」は「個別化と分断統治の対象となり、つねに上から利害対立が形成され」、たとえば「労働者の運動としても、正規と非正規、常勤と非常勤などの対立が埋め込まれ、さらにはジェンダー、年齢別集団、エスニックグループ、世界資本主義における中心と周縁といった差異が利用され」、「現在のところはこうした分断を乗り越えるような連帯はいまだ形成されていない」[6]といえる。さらに小沢は、そうした時代にあって教育は、新自由主義的な「労働世界の変容を背景にして、個人の内面に市場原理と労働規律を組み込んだ主体を形成する営み」へと変貌し続けているという[7]。

日本史を専門とする教育史家である筆者が、小沢が指摘する人間社会の分断状況に対して、それを乗り越えるような社会的連帯の方法を教育学的に提言するとすれば、その方法は、混血児の戦後史という、混血児教育がインクルーシブ教育へと発展してきた歴史過程＝素朴な日常的実践の堆積のなかにこそ発見できるといいたい。前述のとおり混血児教育の歴史とは、人間の生のありように優劣をつける優生思想への抵抗を出発点に、生きてあることと社会で働くことを媒介する教育の方法開発として展開した。その方法とは、混血児同士が、さらには混血児と日本人とが、ひいては健常児と障害児とが、支え合い互いにケアし合う素朴な日常的実践を積み重ねていくことだった。換言すれば、そうした実践の積み重ねとは、自己の教育の方法を法則化・固定化せず、保護者との間の連絡帳の作成や授業の準備にただただ懸命に取り組んできた教師たちの手探りの歴史＝日々自分の実践を問い直していく教育の歴史である。このような歴史のなかにこそ、ポスト新自由主義の対抗運動としてのインクルーシブ教育の方法＝強者と弱者とが支え合い互いにケアし合うような社会的連帯をつくる教育の方法の、ささやかながらも確かな手がかりが見いだせるのではないかと筆者は考えている。

すべての子どもたちにその発達段階に応じた教育を享受させるという、いわゆる教育の公共性の実現は、スタンダードをつくらず法則化に頼らない実践、つまり保護者との連携と日々の授業の準備とに真摯に取り組む教師たちによる実践に待つほかないのではないだろうか。そうした、一見迂遠な教師の活動を保証せず、合理化・効率化の名の下に、学びのルートを法則化・固定化し、アクティブ・ラーニングという方法に盲目的に追従してしまうと、教育の方法から状況知覚や目的再編の過程が失われ、結果的にそこでは弱者が排除の対象とされ続けてしまうのではないか。そのことは、本書でみた、戦後民主主義を推進する一九五〇年代の公立小学校での混血児教育が、最終的には当事者たちに日本人への同化を強いる方向へ転んでしまった過程からもわかる。

ずっとこぼれ落ちてしまう子どもがいる可能性への想像力を常に喚起すべきことを、混血児の戦後史は私たちに訴えかけているのではないだろうか。

3 〈選別社会〉に抗う〈歴史のなかの教育〉

本節では、本書で検討してきた、混血児教育からインクルーシブ教育への展開の歴史から、今後の展望として、序章で述べた現在の社会権保障をめぐる差別・抑圧の現状に対するオルタナティブな教育をささやかながら提言してみたい。

新型出生前診断や高精度な超音波検査といった周産期医療技術の進歩のなかで、人々が人工妊娠中絶を選択していく現状は、自発的な優生学時代ともいうべき〈いのちの選別〉問題を生じさせている。これは生存権保障での包摂と排除の問題すなわち、産むことを望まれる〈いのち〉と産むことを望まれない〈いのち〉の自発的弁別の問題といえる。

一方、グローバル化やIT化が急激に進行し、知識が日進月歩となり、競争と技術革新が絶え間なく生まれる「知識基盤社会」のなかで、それに即した学力＝「生きる力」[8]を伸長させるという新たな学力観が企業戦略として打ち出され、教育現場にあっては学力競争という磁場で知識が捉えられ、いわば「競争知」がもてはやされつつある現状が生まれている[9]。そうした状況は、すべての子どもに能力発揮を保障する方向には向かわず、いわば〈能力の選別〉機能を少なからず教育に負わせている。これは教育権のまさに矮小化といえる。このような競争と選別の教育現場の息苦しさが、抑圧の下方移譲としていじめを引き起こしている側面は否めないだろう。

そして知識基盤社会に迎合する教育は企業社会に連結され、労働の現場では正規と非正規、常勤と非常勤の分断など〈人材の選別〉が恒常化しつつある。このことは、雇い止めや派遣切りに象徴されるように、「すべて国民は、勤労の権利を有し」という労働権を形骸化させているだろう。

以上のような〈選別社会〉での社会権保障の空洞化状況に抗う方法として、生命倫理の哲学者・小松美彦が説く「人間の尊厳」論[10]は示唆に富む。小松は、脳死・臓器移植の推進が人体のモノ化を進行させている状況に警鐘を鳴らし続けているのだが、彼は「人間の尊厳」を個々の人間の精神性や理性に求めることが〈いのちの選別〉を招来させているとする。そしてそれに抗う方途として「人間の尊厳」を生きてそこにあることの尊さとして捉え、たとえ長期の脳死者であっても、その人を取り巻く豊かな人間関係にこそ、つまり「一つの生と死を介して、人々の間に浮かび上がった」その生自体への愛着やいとおしさといった「共鳴関係」にこそ「人間の尊厳」があるのだと力説する。

このように人と人との間にこそ「人間の尊厳」が存在するという考え方は、実は教育権の矮小化問題と労働権の形骸化問題との共犯的な関係に警鐘を鳴らす教育学者・佐貫浩の議論にもつながられる。佐貫は、知識基盤社会での「競争知」に抗う方途として「共同知」を提言する。[11]「すべての人間の社会参加、すべての人間の能力の向上・開花こそが豊かな未来を生み出す」とする佐貫は、「学力の獲得」は「一人ひとりの認識を拓き、社会の主体として成長させ、共同して生きる力を高めることを目的として」いて、教育にあって知を「共同知」として把握すべきと主張する。そして「共同知」は、「その時代の課題を背負った知であり、その知をできるだけ多くの人々が共有することで新しい社会を創り出し、その価値を実現することができる」と述べる。

ここで留意しておきたいのは、右のように人と人との間の共鳴や共同や協働を尊ぶことで社会権保障をめぐる差別と抑圧に抗していくという方法が、本書でみてきたステパノ学園の教育実践史にしっかりと胚胎されていた点である。混血児をめぐる優生思想に抗いながら出発した学園の教育は、障害児をめぐる優生思想に対峙するインクルーシブ教育へと展開してきた。そこでは、自治と協働の仲間づくりを基調として、人間性と技術力さらには対話力や交渉力などを兼ね備えたトータルな人間形成を追求し、さらにそれらの学びを社会形成力へ昇華させていくことが目指されていた。そうした教育のあり方とは、まさに〝間〟を尊ぶ営為そのものだった。学園では、仲間とともに生きる勇気や知恵を獲得し、それを大磯町という地域に開きながら社会で生き抜く能力を磨き合い、そして卒業後も支え合う姿勢が育まれていた。それは占領期から現在に至る歴史のなかにあって、多様性と出会い〝間〟を築き続ける営為としての教育であり続けてきた。

近業の教育社会学の共同研究では、現在の教育について「変革への展望」を探るという目的のもと、「教育は社会のなかで生じる」もので「諸個人は社会的真空に生きているわけではない」という視点から「社会のなかの教育」を解き明かす重要性を強調しているが、[12]これに対して筆者は、時間軸の重要性すなわち〈歴史のなかの教育〉の再構築の意義を提起したい。教育は、時代の変化や時代のうねり、そこでの社会変動のなかで講じられていく処方箋としての側面を有しているのであり、混血児教育もインクルーシブ教育も、戦後史に埋め込まれた根深い優生思想に抗う処方箋であり「変革への展望」の積み上げのうえに、つまり〈歴史のなか〉で実践されてきたのだった。

一九六三年から二〇〇〇年までステパノ中学校に勤めていた池沢登志美氏は、八〇年ごろに夏休みなどを利用して東洋大学に通い「養護学校教諭免許状」（現在の特別支援学校教諭免許状）を取得している。[13] それは、ステパノ学園で障害をもつ子たちが増えていくなかで、池沢氏自身が免許状の必要性を感じたためだったという。ここからも、澤田美喜が亡くなった八〇年をひとつの画期として、学園が混血児教育からインクルーシブ教育へと舵を切り始めたことがわかる。その年に始まった学園の子どもたちと地域社会との交流を目的としたバザー・フェスティバルでは、池沢氏によれば、生徒が来場者の財布を盗むなどの事件が何度か発生したことがあったそうだが、教師たちが真摯に対応して当該生徒とともに謝罪し、ことなきを得たという。池沢氏はそうした教師の姿勢を、「要領よくとか無難になんて通用しない子どもたち」とともに「かばい合う教育」「責任をとる教育」を実践していただけだと〝素朴に〟回想している。

現在、文部科学省のウェブサイトでは、中央教育審議会の初等中等教育分科会（第八十回）の議題「1、特別支援教育の在り方に関する特別委員会報告について」の配布資料である「共生社会の形成に向けたインクルーシブ教育システム構築のための特別支援教育の推進（報告）[14]」が閲覧できる。そこでは、インクルーシブ教育は「誰もが相互に人格と個性を尊重し支え合い、人々の多様な在り方を相互に認め合える全員参加型の社会」の形成に向けた教育と位置づけられ、「基本的な方向性としては、障害のある子どもと障害のない子どもが、できるだけ同じ場で共に学ぶことを目指すべきである」とされている。みんなが互いに「人格と個性を尊重し支え合」うという文言自体には筆者も賛同するが、「全員参加型の社会」という文言が何の解説・注釈もなしに用いられていることには若干の違和感を覚えてしまう。

二〇一八年のいま、私たちは「明治百五十年」が喧伝されるまっただなかにいるが、[15] 同時に私たちは百五十年のちょうど半分の一九四三年十月以降に実施された学徒出陣という「総動員社会」の末路から七十五年目に立っていて、敗戦から七十三年目を迎えている。その七十三年の〈歴史のなかの教育〉＝混血児の戦後史を再構築してきた本書のなかで、教育が〈いのちの選別〉→〈能力の選別〉→〈人材の選別〉を経た「全員参加型の社会」の形成に決して加担してはならないことを、すなわち教育とはそもそも〝素朴に〟生きてあることに寄り添いながら社会形成を下支えしていく営為であることを、ささやかながら示せていれば幸いである。

注

（1）新自由主義の歴史的概要については、小沢弘明「新自由主義の時代と歴史学の課題Ⅰ」（歴史学研究会編集『新自由主義時代の歴史学』〔「第４次 現代歴史学の成果と課題」第一巻〕所収、績文堂出版、二〇一七年）を参照。

（2）第1章の注（21）を参照。

（3）近年、アクティブ・ラーニングをめぐっては、筆者も所属する日本教育方法学会が批判的に問い直し発展させる試みを活発におこなっている（日本教育方法学会編『アクティブ・ラーニングの教育方法学的検討』〔教育方法〕、図書文化社、二〇一六年）。たとえば、同書で社会科教育学者の柴田好章は、アクティブ・ラーニングは「古くて新しい」教育方法であり、敗戦後の初期社会科が提唱した

「問題解決学習は広義のアクティブ・ラーニングの一つである」と主張する（柴田好章「中学校におけるアクティブ・ラーニングの可能性と課題」、同書所収）。柴田によれば問題解決学習は、「学習と生活を子どもの主体性において統合し、学習者の主体的な意志としての切実性を学習の根底におき、生活者としての願いを育て、これに基づいた学習活動を展開する」もので、「これにより、人間としての全面的な発達を展望して、社会的自立のために必要な知識の認識のみならず、道徳的価値や実践的意志を育むことを重視している」としている（同論文一六〇ページ）。

（4）前掲の二〇一七年十一月二十一日の小川正夫学園長への聞き取りによる。

（5）この点は、同聞き取りおよび、その際に見せていただいたステパノ学園の内部資料による。

（6）前掲「新自由主義の時代と歴史学の課題Ⅰ」二八ページ

（7）同論文二〇ページ

（8）文部科学省ウェブサイト「現行学習指導要領の理念」の「「知識基盤社会」の時代と「生きる力」」（http://www.mext.go.jp/b_menu/shingi/chukyo/chukyo3/siryo/07102505/003/003.htm）［二〇一八年二月十六日アクセス］。

（9）佐貫浩「生存権保障と教育の自由の回復へ――危機に立ち向かう共同のための教育改革」、教育科学研究会編『3・11と教育改革』（「講座　教育実践と教育学の再生」第五巻）所収、かもがわ出版、二〇一三年、二九〇―二九五ページ

（10）前掲『生権力の歴史』三四七―三五五ページ

（11）前掲「生存権保障と教育の自由の回復へ」二九〇―二九一ページ

（12）志水宏吉「序論　社会のなかの教育」、佐藤学／秋田喜代美／志水宏吉／小玉重夫／北村友人編集『社会のなかの教育』（「岩波講座　教育　変革への展望」第二巻）所収、岩波書店、二〇一六年、一ペ

ージ

(13) 前掲の池沢登志美氏への聞き取りによる。また、本書で用いてきた聞き取りに関する方法論については、大門正克『語る歴史、聞く歴史――オーラル・ヒストリーの現場から』（〔岩波新書〕、岩波書店、二〇一七年）を参照。大門によれば、「語る歴史、聞く歴史」によって「歴史は人びとと無縁なところでそびえ立っているのではなく、人びとの生と歴史、過去と現在は結び付いているという「開かれた歴史」への気づきを促す可能性がひろがる」のだという（同書一八六ページ）。筆者がおこなった聞き取りは、大門が主張する「人びとの生」＝生存へのこだわりを出発点としたオーラル・ヒストリーに大いに触発されている。

(14) 文部科学省ウェブサイトの「中央教育審議会」の「共生社会の形成に向けたインクルーシブ教育システム構築のための特別支援教育の推進（報告）」（二〇一二年七月二十三日付）（〔http://www.mext.go.jp/b_menu/shingi/chukyo/chukyo3/044/attach/1321669.htm〕［二〇一八年三月七日アクセス］）を参照。

(15) 首相官邸ウェブサイトでは「「明治百五十年」に向けた関連施策の推進について　平成二十八年十一月四日」と題して、「平成三十年（二〇一八年）は、明治元年（一八六八年）から起算して満百五十年の年に当たります。明治百五十年をきっかけとして、明治以降の歩みを次世代に遺すことや、明治の精神に学び、日本の強みを再確認することは、大変重要なことです。このため、「明治百五十年」に向けた関連施策を実施することとなりました」（https://www.kantei.go.jp/jp/singi/meiji150/）［二〇一八年三月七日アクセス］と述べている。「明治の精神に学び、日本の強みを再確認する」という顕彰作業が、一面的な歴史観に基づいていることがおのずと推察されるだろう。

あとがき

本書の端緒は、筆者が一九九九年から二〇〇八年に神奈川県中郡大磯町の町史編纂事業で執筆委員として教育史を担当したことにある。町内の公立・私立の教育機関の近現代資料を収集・整理していくなかで、澤田美喜やエリザベスサンダースホーム関連の乳幼児保育を中心とした資料群と私は出会った。その成果は『資料編 近現代』第三巻（大磯町史編さん委員会編、〔「大磯町史」第五巻〕、大磯町、二〇〇六年）や『通史編 近現代』（大磯町編、〔「大磯町史」第七巻〕、大磯町、二〇〇八年）で概説的に叙述できた。

ただ、町史編纂事業では、ステパノ学園所蔵の教育資料は未整理のままとなり、同資料の収集・整理は「公益財団法人 前川財団 平成二六年度 家庭教育研究助成」を得ておこなうことになった。本書の第2章から第5章は、主としてこの助成の成果である。以下、本書のもとになった研究論文・研究発表を記す。

第1章：「占領・復興期の「混血児」教育――人格主義と平等主義の裂け目」、歴史学研究会編「歴史学研究」第九百二十号、青木書店、二〇一四年

第2章：教育史学会第六十一回大会での筆者の研究発表「一九五〇年代の公立小学校における

「混血児」教育」（二〇一七年十月七日、岡山大学教育学部）
第３章：「高度経済成長期前半の「混血児」教育――能力主義と自己決定の裂け目」、日本教育史学会編集委員会編「日本教育史学会紀要」第六巻、日本教育史学会、二〇一六年
第４章：二〇一六年度日本アメリカ史学会大会シンポジウムＣ「アメリカ占領下日本におけるセクシュアリティ統制の遺産」での筆者の研究発表「「混血児」たちの生存・教育・労働」（当日は、平井和子「占領とセクシュアリティ統制――ＲＡＡ・「特殊慰安所」、基地売買春の有りようから」、ルーシー・クラフト「七転び八起き――アメリカへ渡った戦争花嫁物語」の報告も併せておこなわれた。コメンテーターは豊田真穂氏、司会は後藤千織氏。二〇一六年九月十八日、明治大学駿河台キャンパスのリバティタワー）
第５章：教育史学会第六十回大会での筆者の研究発表「高度経済成長期後半から低成長時代にかけての「混血児」教育――包摂の教育から包括の教育へ」（二〇一六年十月二日、横浜国立大学教育人間科学部）

前述のとおり、本書は大磯町史の編纂事業と前川財団の研究助成の成果といえるが、自分としては、事業や助成の成果発信という意味と同時に、教育者・研究者の端くれとしての矜持を再確認するために本書を上梓した。非常勤講師として複数の大学で教育学や歴史学の授業を担当している自分にとって、「教育とは何か」「歴史とは何か」という根源的な問いは日々更新され続けている。そしてそうした終わりのない問いを考え続けている私に、澤田美喜やステパノ学園の教育実践の歴史

はひとつの大きな指針を与えてくれたといっていい。その指針とは、学問的な根拠はまったくないが、人間関係や社会関係をめぐるさまざまな教育的営為に携わる際には決して優先順位をつけない／手を抜かない、という極めて単純なものである。現在、私は大学での講義の他に年に十数回、現代史や教育史、音楽史に関する市民講座、差別や人権、ジェンダーについての講習会・学習会など、社会教育の現場に登壇する機会があるが、どんなに小さな講義や講習、勉強会であっても、優先順位をつけない／手を抜かないスタイルを貫いているつもりである。「教育とは何か」「歴史とは何か」という終わりがない問いは、手抜きがない素朴な日常的実践の積み上げでしか更新されないことを、私は本書を仕上げるためにステパノ学園関連資料を読み込んでいくなかで何度も実感することになった。

本書の執筆にあたっては、実に多くの人々のお世話になった。ステパノ学園所蔵資料の整理や閲覧については、阿部昭一参与に多大なご協力をいただいた。阿部先生には、夏休みの暑いなか資料整理だけではなく、学園倉庫の奥に眠っていた資料の発掘など、本書の根幹部分をともに築いていただいた。阿部先生との出会いがなかったならば、本書は決して成立していない。

ステパノ学園の現状と今後の展望については、小川正夫学園長からご教示をいただいた。小川先生には数回の聞き取りにお付き合いいただき、ステパノ学園の過去・現在・未来について教えていただいた。聞き取りでは、現場の先生方に小川先生が抱く信頼感が随所に見受けられ、学園全体でインクルーシブ教育を実践しているリアリティがひしひしと伝わってきた。

また、一九六三年から二〇〇〇年までステパノ中学校で教鞭を執っていた池沢登志美氏にも、数回の聞き取りで大変お世話になった。池沢先生は、現在、平塚市で外国人を対象とした日本語教師のボランティアを担っているが、現役の教師に負けない情熱と使命感をいまでももち続けている。先生の生きざまは、〈弱者〉に寄り添い続けた教育者は生涯、教育の原理を問い続ける、ということを私に教えてくれた。そのような池沢先生の語りには、澤田美喜がまさにそこにいるかのような臨場感があり、それによって教育者・澤田美喜の下でのステパノ学園の息づかいを感じることができた。

本書の基調となった研究論文・研究発表の準備段階では、大門正克先生（横浜国立大学副学長、日本経済史）と大戸安弘先生（筑波大学名誉教授、放送大学客員教授、日本教育史）にご指導をいただいた。大門先生が提唱する「生存の歴史学」は本書の出発点となっていて、その方法である「語る歴史、聞く歴史」には大いに影響を受けた。

一方、大戸先生が長年着手されている日本社会のリテラシーに関する歴史研究は、本書が目標としている「学びの社会史」のまさに手本となっていて、徹底的な資料調査の重要性や教育学での歴史研究の意義を私に再認識させてくれた。

このように、大「門」先生には研究の出発点をともに築いていただき、大「戸」先生にはそれをともに磨いていただいた。そのことは、これまで音楽を中心に教育史を研究してきた私にとって、新たな研究領域への挑戦の機会となり、研究者人生のまさに「門戸」開放となった。

ただ、あえて言っておけば、私自身としては音楽教育史も混血児教育史も問題意識は根っこの部分でつながっている。一九二〇年代から五〇年代を対象とした音楽教育史では、五線譜という秩序に落としきれない〝不協和音〟（人間）がいかに合唱（共同体）から排除されていったかを考え、混血児教育史では、いかに混血児が戦後社会で〝不協和音〟として扱われ、その和音化＝日本人への同化が進んでいったかを検討し、それへのオルタナティブを提起した。これまでの私の研究は、逸脱に不寛容な日本社会の感性や感情、それらを形成した教育の歴史を解明したいというモチベーションに支えられていた。

さて、以上多くの先生方に導かれるようにして本書は成り立っているが、ここで挙げることができなかった方々にも感謝の意を記したい。たくさんの仲間との〝出会いと協働〟が本書を作成するうえでの原動力だった。

出版にあたっては、青弓社の矢野未知生氏に大変お世話になった。いつもながら、的確なコメントと丁寧な校正には本当に脱帽するしかない。

最後に、後期高齢者となったがいまでも食料品を不肖の息子に送り続けてくれる母・マスと、亡き父と、そして澤田美喜に、心から感謝したい。

二〇一八年八月十日　父の十七回目の命日に

［著者略歴］
上田誠二（かみた・せいじ）
1971年、栃木県生まれ
横浜国立大学ほか非常勤講師、首都大学東京オープンユニバーシティ講師
専攻は現代史、教育史、音楽史
著書に『音楽はいかに現代社会をデザインしたか――教育と音楽の大衆社会史』（新曜社、主に同書の研究史上の意義が評価されて日本教育史学会の第28回石川謙賞を受賞）、共著に『こんなに変わった歴史教科書』（新潮社）、『総力戦と音楽文化――音と声の戦争』『近代日本の都市と農村――激動の一九一〇―五〇年代』『日本の吹奏楽史――1869－2000』『〈戦後〉の音楽文化』（いずれも青弓社）など

青弓社ライブラリー94
「混血児《こんけつじ》」の戦後史《せんごし》

発行―――2018年9月26日　第1刷
定価―――1600円＋税
著者―――上田誠二
発行者――矢野恵二
発行所――株式会社青弓社
〒101-0061 東京都千代田区神田三崎町3-3-4
電話 03-3265-8548（代）
http://www.seikyusha.co.jp
印刷所――三松堂
製本所――三松堂

ISBN978-4-7872-3441-4 C0336